Mehr erleben am
Bodensee 2024

Reise- und Freizeitführer

Impressum

Dies ist eine Originalausgabe der Unterwegs Verlag GmbH
Auf der Höhe 6, 78224 Singen
Tel. +49 (0)7731/838-0, Fax +49 (0)7731/838-19,
info@unterwegs.de, www.reisefuehrer.com,
www.mehrerlebenambodensee.de

Autor: Nico Klemann, Sibylle Kappel und Domenico Colucci
Alle Rechte vorbehalten.
© Unterwegs Verlag 2024
ISBN: 978-3-86112-361-3

Copyright und Fotos: Wenn nicht anders vermerkt, wurden uns die Fotos und Texte der betreffenden Tourist Informationen, Unternehmen und Einrichtungen zur Verfügung gestellt. Wir bedanken uns für die gute Zusammenarbeit und freundlicher Unterstützung. Ebenso wurden Fotos vom Verlag erstellt sowie aus www.shutterstock.de und www.unsplash.com bezogen. Besonderen Dank dem Fotografen Achim Mende.
Titelfoto: Bodensee © www.shutterstock.de
Gestaltung/Layout: Cedric Gruber

Verlag und Redaktion bemühen sich, ein vollständiges, aktuelles und richtiges Verzeichnis zu bieten. Weder Verlag, Herausgeber noch Redaktion übernehmen Verantwortung für Druck- und Satzfehler oder Unrichtigkeiten, die durch Fehldeutungen entstanden sind. Schadensersatz- oder Regressan- sprüche gegen den Verlag und seine Mitarbeiter sind ausgeschlossen, auch wenn Namen-, Titel-, Marken- oder Urheberrechte verletzt wurden.

> Bibliografische Information der Deutschen Nationalbibliothek
> Die Deutsche Nationalbibliothek verzeichnet diese Publikation in der Deutschen Nationalbibliografie; detaillierte bibliografische Daten sind im Internet über www.dnb.d-nb.de abrufbar.

Vorwort

Wenn es um die schönste Urlaubsregion Deutschlands geht, genießt der Bodensee schon immer ein besonderes Prestige. Wer hier seine Ferien verbringt, der weiß: Für das perfekte Urlaubserlebnis muss man überhaupt nicht ins Flugzeug steigen. Auch ein mehrfacher Besuch lohnt sich, denn an Freizeitmöglichkeiten mangelt es der Bodenseeregion nicht.

Daher wollen wir auch 2024 unsere Lieblingsorte vorstellen, die den See nicht nur sehens-, sondern auch erlebenswert machen. Neben Altbewährtem kann auch so mancher Bodenseekenner ein paar neue Favoriten finden. Von tierischem Vergnügen im Wildpark Allensbach oder auf dem Affenberg Salem bis hin zur Auszeit in der Bodenseetherme dürfte hier für jeden Geschmack etwas geboten sein. Ob zu Luft im Zeppelin oder im Wasser auf dem Katamaran, ob in Deutschland, in der Schweiz, in Liechtenstein oder in Österreich – der Bodensee wartet darauf, erkundet zu werden. Ein besonderes Augenmerk gilt hierbei auch der kleinen, etwas versteckten Geheimplätzen am Bodensee, die wir unbedingt weiterempfehlen können. Lassen Sie sich inspirieren von spannenden Museen, märchenhaften Schlössern, entspannten Wellnessangeboten und vielem mehr!

Wir wünschen viel Vergnügen beim Eintauchen in die vielen Facetten unseres fantastischen Bodensees.

Aktuelle Infos, um noch mehr zu erleben auf der Website und auf Instagram.

Mehr erleben auf **Instagram**

Website mit Infos zum **Bodensee**

Rubrikenverzeichnis

Erlebnisse

- DE M10 True Active, Konstanz **16**
- DE Der Katamaran, Konstanz **17**
- DE Fähre Konstanz – Meersburg **18**
- DE SEA LIFE Konstanz **19**
- DE Theater Konstanz **24**
- DE Bodensee-Therme Konstanz **25**
- DE Schwaketenbad, Konstanz **26**
- DE Lago Shoppingcenter **33**
- DE Insel Mainau **34**
- DE Insel Reichenau **35**
- DE Solarfähre Reichenau **36**
- DE Wild- und Freizeitpark, Allensbach **39**
- DE seemaxx Outlet Center, Radolfzell **44**
- DE Halbinsel Höri **48**
- DE Höhenfreibad Gottmadingen **53**
- DE Naturbad Aachtal, Rielasingen-Worblingen **54**
- DE Freibad Hilzingen **55**
- DE Rabenscheune Wiechs am Randen **56**
- DE Solemar, Bad Dürrheim **61**
- DE Cano, Singen **66**
- DE Stadthalle, Singen **70**
- DE Aachbad, Singen **71**
- DE Fahrdaynamisches Zentrum Bodensee, Steißlingen **73**
- DE Bodensee Bonbon Manufaktur, Eigeltingen **74**
- DE Straußenfarm Hegau-Bodensee, Stockach **76**
- DE Freibad, Stockach **78**
- DE Campus Galli, Meßkirch **81**
- DE Bodensee Skipper, Sipplingen **84**
- DE Andreashof, Überlingen **86**
- DE Bodensee-Therme, Überlingen .. **88**
- DE Wallfahrtskirche Birnau, Uhldingen-Mühlhofen **89**
- DE Affenberg Salem **92**
- DE Meersburg Therme **101**
- DE AbenteuerPark Immenstaad **104**
- DE Pfeilsam, Immenstaad **106**
- DE Bodensee Helicopter, Friedrichshafen **110**
- DE Bodensee-Fähre, Friedrichshafen **111**
- DE Ravensburger Spieleland, Meckenbeuren **116**
- DE Humpisschloss Brochenzell-Meckenbeuren **117**
- DE Fabrikverkauf Tekrum Kambly, Ravensburg **123**
- DE AbenteuerPark Kressbronn **131**
- DE SUP- und Surfschule, Wasserburg **133**
- DE Freibad Aquamarin, Wasserburg ... **134**
- DE Lindauer Marionettenoper **136**
- DE Einkaufszentrum Lindaupark, Lindau **139**
- DE skywalk allgäu Naturerlebnis-Park, Scheidegg **143**
- DE Reptilienzoo, Scheidegg **144**
- AU Pfänder, Bregenz **148**
- AU FKK Strand Hard **152**
- AU Wälderbähnle, Bezau **154**

🇦🇹 Karrenseilbahn, Dornbirn **156**	🇩🇪 Tengen **57**
🇱🇮 Sesselbahn Sareis, Malbun **164**	🇩🇪 Donaueschingen.............................. **58**
🇨🇭 Hoher Kasten, Brülisau **171**	🇩🇪 Museum Art.Plus,
🇨🇭 Appenzeller Heilbad, Heiden.........**172**	Donaueschingen **59**
🇨🇭 Stiftsbezirk St.Gallen.......................... **176**	🇩🇪 Fasnachtsmuseum Narrenschopf,
🇨🇭 Appenzeller Schaukäserei,	Bad Dürrheim...**60**
Stein AR...**180**	🇩🇪 Engen **62**
🇨🇭 Luftseilbahn	🇩🇪 Singen am Hohentwiel......................**63**
Jakobsbad-Kronberg......................**182**	🇩🇪 Festungsruine Hohentwiel,
🇨🇭 Walter Zoo, Gossau **184**	Singen... **64**
🇨🇭 Historische Mittel-Thurgau-Bahn,	🇩🇪 Kunstmuseum, Singen...................... **67**
Romanshorn **186**	🇩🇪 MAC Museum Art & Cars,
🇨🇭 Bodensee Planetarium &	Singen..**68**
Sternwarte, Kreuzlingen **191**	🇩🇪 Hegau Museum, Singen **69**
🇨🇭 Der Plättli Zoo, Frauenfeld.............**193**	🇩🇪 Stockach **75**
🇨🇭 Stadttheater Schaffhausen........**208**	🇩🇪 Stadtmuseum Stockach...................**77**
	🇩🇪 Meßkirch **79**

Entdeckungen

🇩🇪 Konstanz **15**	🇩🇪 Schloss Meßkirch **80**
🇩🇪 Archäologisches Landesmuseum	🇩🇪 Bodman-Ludwigshafen **82**
BW, Konstanz **20**	🇩🇪 Sipplingen **83**
🇩🇪 Rosgartenmuseum, Konstanz.......**21**	🇩🇪 Überlingen **85**
🇩🇪 Städt. Wessenberg-Galerie,	🇩🇪 Städtisches Museum, Überlingen.. **87**
Konstanz **22**	🇩🇪 Salem **90**
🇩🇪 Hus-Haus, Konstanz..........................**23**	🇩🇪 Kloster und Schloss Salem...............**91**
🇩🇪 Museum Reichenau.......................... **37**	🇩🇪 Pfahlbauten, Unter-Uhldingen **93**
🇩🇪 Allensbach...**38**	🇩🇪 Meersburg...**94**
🇩🇪 Mühlweg-Museum, Allensbach..**42**	🇩🇪 Die Meersburg...**95**
🇩🇪 Radolfzell **43**	🇩🇪 Neues Schloss, Meersburg **96**
🇩🇪 Stadtmuseum Radolfzell **46**	🇩🇪 Fürstenhäusle, Meersburg.............. **97**
🇩🇪 Hesse Museum, Gaienhofen..........**49**	🇩🇪 Bibelgalerie, Meersburg **98**
🇩🇪 Gailingen am Hochrhein **51**	🇩🇪 vineum bodensee, Meersburg **99**
🇩🇪 Jüdisches Museum, Gailingen......**52**	🇩🇪 Rotes Haus Galerie Bodenseekreis,
	Meersburg **100**
	🇩🇪 Immenstaad **103**

Rubrikenverzeichnis

- DE Gehrenberg, Markdorf ... **107**
- DE Friedrichshafen ... **108**
- DE Dornier Museum, Friedrichshafen ... **112**
- DE Schulmuseum, Friedrichshafen ... **113**
- DE Zeppelinmuseum, Friedrichshafen ... **114**
- DE Meckenbeuren ... **115**
- DE Ravensburg ... **118**
- DE Kunstmuseum Ravensburg ... **119**
- DE Museum Ravensburger ... **120**
- DE Wirtschaftsmuseum Ravensburg ... **121**
- DE Museum Humpis-Quartier, Ravensburg ... **122**
- DE Weingarten ... **125**
- DE Langenargen ... **126**
- DE Museum Langenargen ... **127**
- DE Schloss Montfort, Langenargen ... **128**
- DE Kressbronn ... **130**
- DE Museum für historische Schiffsmodelle, Kressbronn ... **132**
- DE Lindau ... **135**
- DE Kunstmuseum am Inselbahnhof, Lindau ... **137**
- DE Deutsches Hutmuseum, Lindenberg ... **141**
- DE Scheidegg ... **142**
- AU Eichenberg ... **146**
- AU Bregenz ... **147**
- AU vorarlberg museum, Bregenz ... **149**
- AU Kunsthaus Bregenz ... **151**
- AU Dornbirn ... **155**
- AU inatura – Erlebnisnaturschau, Dornbirn ... **157**
- AU Hohenems ... **158**
- AU Jüdisches Museum Hohenems ... **159**
- LI Liechtenstein ... **161**
- LI Malbun ... **163**
- LI Vaduz ... **166**
- LI Liechtensteinische SchatzKammer, Vaduz ... **167**
- LI Liechtensteinisches NationalMuseum, Vaduz ... **168**
- CH Festungsmuseum Heldsberg, St. Margarethen ... **170**
- CH St.Gallen ... **175**
- CH Naturmuseum, St.Gallen ... **177**
- CH Kunstmuseum, St.Gallen ... **178**
- CH Kulturmuseum, St.Gallen ... **179**
- CH Kunstmuseum & Kunsthalle Appenzell ... **181**
- CH Der Säntis ... **183**
- CH Romanshorn ... **185**
- CH autobau Erlebniswelt, Romanshorn ... **187**
- CH Locorama, Romanshorn ... **188**
- CH Kreuzlingen ... **190**
- CH Schloss Arenenberg, Salenstein ... **192**
- CH Naturmuseum und Museum für Archäologie Thurgau, Frauenfeld ... **194**
- CH Stein am Rhein ... **195**

RUBRIKENVERZEICHNIS

CH Museum Lindwurm,
Stein am Rhein **196**
CH KrippenWelt, Stein am Rhein........ **197**
CH Winterthur..................................**200**
CH Swiss Science Center Technorama,
Winterthur................................. **201**
CH Sauriermuseum, Aathal **202**
CH Diessenhofen.............................**203**
CH Schaffhausen.............................**205**
CH Rheinfall, Schaffhausen................**206**
CH Museum zu Allerheiligen,
Schaffhausen............................. **207**
CH Miniaturwelt Smilestones,
Neuhausen am Rheinfall..............**209**
CH Schweizerisches Militärmuseum
Full...**210**

Erholung & Genuss

DE Restaurant Anglerstuben,
Konstanz **27**
DE Hotel Riva & Restaurant Ophelia,
Konstanz **28**
DE Landgasthaus Mindelsee,
Allensbach **40**
DE Hotel St. Elisabeth Kloster Hegne,
Allensbach **41**
DE bora Sauna & Hot Spa Resort,
Radolfzell **45**
DE La Oliva, Radolfzell.........................**47**
DE Hotel Gasthaus Hirschen,
Gaienhofen................................. **50**
DE Hotel Restaurant Hohentwiel,
Singen... **72**

DE Restaurant Casala im Hotel
Residenz, Meersburg.........................**102**
DE Ferienwohnpark
Immenstaad...**105**
DE Hotel Seevital, Langenargen........ **129**
DE Gitzenweiler Hof, Lindau **138**
DE Yachthotel Helvetia, Lindau..........**140**
AU Junges Hotel, Hard.............................**153**
LI Berggasthaus Sareis,
Malbun..**165**
CH Taverne zum Schäfli,
Wigoltingen **173**
CH Park-Hotel Inseli,
Romanshorn...**189**
CH Restaurant Ilge,
Stein am Rhein **198**
CH Burg Hohenklingen,
Stein am Rhein **199**
CH Unterhof, Diessenhofen **204**

Events

DE Seenachtfest,
Konstanz-Kreuzlingen **29**
DE Konstanzer Weihnachtsmarkt......**30**
DE Campus-Festival, Konstanz **31**
DE Grenzüberschreitender Flohmarkt,
Konstanz-Kreuzlingen **32**
DE Hohentwiel-Festival, Singen............**65**
DE Seehasen Fest, Friedrichshafen...**109**
DE Rutenfest, Ravensburg......................**124**
AU Bregenzer Festspiele **150**
CH Internationales Sandskulpturen
Festival, Rorschach **174**

7

Orteverzeichnis

🇩🇪 Deutschland

Westlicher Bodensee

KONSTANZ

Konstanz	15
M10 True Active	16
Der Katamaran	17
Fähre Konstanz – Meersburg	18
SEA LIFE	19
Archäologisches Landesmuseum	20
Rosgarten Museum	21
Städtische Wessenberg-Galerie	22
Hus-Haus	23
Theater Konstanz	24
Bodensee-Therme Konstanz	25
Schwaketenbad	26
Anglerstuben	27
Hotel Riva & Restaurant Ophelia	28
Seenachtfest	29
Konstanzer Weihnachtsmarkt	30
Campus Festival	31
Grenzüberschreitender Flohmarkt	32
Lago Shoppingcenter	33

INSEL MAINAU

Insel Mainau	34

INSEL REICHENAU

Insel Reichenau	35
Solarfähre Reichenau	36
Museum Reichenau	37

ALLENSBACH

Allensbach	38
Wild- & Freizeitpark	39
Landgasthaus Mindelsee	40
Hotel St. Elisabeth des Klosters Hegne	41
Mühlwegmuseum	42

RADOLFZELL

Radolfzell	43
seemaxx Outlet Center	44
bora Sauna & Hot Spa Resort	45
Stadtmuseum Radolfzell	46
La Oliva	47

GAIENHOFEN

Halbinsel Höri	48
Hesse Museum	49
Hotel Gasthaus Hirschen	50

GAILINGEN

Gailingen	51
Jüdisches Museum	52

GOTTMADINGEN

Höhenfreibad	53

RIELASINGEN-WORBLINGEN

Naturbad Aachtal	54

HILZINGEN

Freibad Hilzingen	55

ORTEVERZEICHNIS

WIECHS AM RANDEN
Rabenscheune **56**

TENGEN
Tengen **57**

DONNAUESCHINGEN
Donaueschingen **58**
Museum Art.Plus **59**

BAD DÜRRHEIM
Fasnachtsmuseum
Narrenschopf **60**
Solemar **61**

ENGEN
Engen **62**

SINGEN AM HOHENTWIEL
Singen **63**
Festungsruine Hohentwiel **64**
Hohentwiel Festival **65**
Cano **66**
Kunstmuseum Singen **67**
MAC Museum Art & Cars **68**
Hegau Museum **69**
Stadthalle Singen **70**
Aachbad **71**
Hotel Restaurant
Hohentwiel **72**

STEISSLINGEN
Fahrdynamisches
Zentrum Bodensee **73**

EIGELTINGEN
Bodensee Bonbon Manufaktur **74**

STOCKACH
Stockach **75**
Straußenfarm Hegau-Bodensee **76**
Stadtmuseum Stockach **77**
Freibad **78**

MESSKIRCH
Meßkirch **79**
Schloss Meßkirch **80**
Campus Galli **81**

BODMAN-LUDWIGSHAFEN
Bodman-Ludwigshafen **82**

SIPPLINGEN
Sipplingen **83**
Bodensee Skipper **84**

ÜBERLINGEN
Überlingen **85**
Andreashof **86**
Städtisches Museum Überlingen **87**
Bodensee-Therme **88**

UHLDINGEN-MÜHLHOFEN
Wallfahrtskirche Birnau **89**

SALEM
Salem **90**
Kloster & Schloss Salem **91**
Affenberg **92**

Orteverzeichnis

UNTERUHLDINGEN
Pfahlbaumuseum **93**

MEERSBURG
Meersburg **94**
Die Meersburg **95**
Neuse Schloss Meersburg **96**
Fürstenhäusle **97**
Bibelgalerie **98**
vineum Bodensee **99**
Rotes Haus Galerie Bodenseekreis .. **100**
Meersburg Therme **101**
Restaurant Casala
im Hotel Residenz **102**

Östlicher Bodensee

IMMENSTAAD
Immenstaad **103**
AbenteuerPark Immenstaad **104**
Ferienwohnpark Immenstaad **105**
Pfeilsam **106**

MARKDORF
Gehrenberg **107**

FRIEDRICHSHAFEN
Friedrichshafen **108**
Seehasen Fest **109**
Bodensee-Helicopter **110**
Bodensee-Fähre **111**
Dornier Museum **112**
Schulmuseum **113**
Zeppelinmuseum **114**

MECKENBEUREN
Meckenbeuren **115**
Ravensburger Spieleland **116**
Humpisschloss **117**

RAVENSBURG
Ravensburg **118**
Kunstmuseum Ravensburg **119**
Museum Ravensburger **120**
Wirtschaftsmuseum
Ravensburg **121**
Museum Humpis-Quartier **122**
Fabrikverkauf
Tekrum Kambly **123**
Rutenfest **124**

WEINGARTEN
Weingarten **125**

LANGENARGEN
Langenargen **126**
Museum Langenargen **127**
Schloss Montfort **128**
Hotel Seevital **129**

KRESSBRONN
Kressbronn **130**
AbenteuerPark Kressbronn **131**
Museum für
historische Schiffsmodelle **132**

WASSERBURG
SUP- & Surfschule **133**
Freibad Aquamarin **134**

ORTEVERZEICHNIS

LINDAU
Lindau **135**
Lindauer Marionettenoper **136**
Kunstmuseum am
Inselbahnhof **137**
Gitzenweiler Hof **138**
Einkaufszentrum
Lindaupark **139**
Yachthotel Helvetia **140**

LINDENBERG
Deutsches Hutmuseum **141**

SCHEIDEGG
Scheidegg **142**
skywalk allgäu
Naturerlebnispark **143**
Reptilienzoo **144**

AU Österreich

EICHENBERG
Eichenberg **146**

BREGENZ
Bregenz **147**
Pfänder **148**
vorarlberg museum **148**
Bregenzer Festspiele **150**
Kunsthaus Bregenz **151**

HARD
FKK Strand Hard **152**
Junges Hotel **153**

BEZAU
Wälderbähnle **154**

DORNBIRN
Dornbirn **155**
Karrenseilbahn **156**
inatura – Erlebnisnaturschau **157**

HOHENEMS
Hohenems **158**
Jüdisches Museum
Hohenems **159**

LI Liechtenstein

MALBUN
Malbun **163**
Sesselbahn Sareis **164**
Berggasthaus Sareis **165**

VADUZ
Liechtenstein **161**
Vaduz **166**
Liechtensteinische
Schatzkammer **167**
Liechtensteinisches
NationalMuseum **168**

CH Schweiz

Appenzellerland & St.Gallen

ST. MARGARETHEN
Festungsmuseum Heldsberg **170**

Orteverzeichnis

Appenzellerland & St.Gallen

BRÜLISAU
Hoher Kasten **171**

HEIDEN
Appenzeller Heilbad **172**

RORSCHACH
Internationales Sandskulpturen Festival **174**

ST.GALLEN
St.Gallen **175**
Stiftsbezirk **176**
Naturmuseum **177**
Kunstmuseum **178**
Kulturmuseum **179**

STEIN AR
Appenzeller Schaukäserei **180**

APPENZELL
Kunstmuseum & Kunsthalle Appenzell **181**

JAKOBSBAD
Luftseilbahn Jakobsbad-Kronberg ... **182**

SÄNTIS / SCHWÄGALP
Der Säntis **183**

GOSSAU
Walter Zoo **184**

Thurgau

ROMANSHORN
Romanshorn **185**
Historische Mittel-Thurgau-Bahn ... **186**
autobau Erlebniswelt **187**
Locorama **188**
Park-Hotel Inseli **189**

KREUZLINGEN
Kreuzlingen **190**
Bodensee Planetarium & Sternwarte **191**

SALENSTEIN
Schloss Arenenberg **192**

WIGOLTINGEN
Taverne zum Schäfli **173**

FRAUENFELD
Der Plättli-Zoo **193**
Naturmuseum & Museum für Archäologie Thurgau **194**

Schaffhauserland – Zürich & Umgebung

STEIN AM RHEIN
Stein am Rhein **195**
Museum Lindwurm **196**
KrippenWelt **197**
Restaurant Ilge **198**
Burg Hohenklingen **199**

ORTEVERZEICHNIS

WINTERTHUR
Winterthur **200**
Swiss Science Center
Technorama **201**

AATHAL / SEEGRÄBEN
Saurier Museum **202**

DIESSENHOFEN
Diessenhofen **203**
Unterhof **204**

SCHAFFHAUSEN
Schaffhausen **205**
Rheinfall **206**
Museum zu Allerheiligen **207**
Stadttheater Schaffhausen **208**

NEUHAUSEN AM RHEINFALL
Miniaturwelt Smilestones **209**

FULL
Schweizerisches Militärmuseum **210**

Mehr Erleben am Bodensee
in Deutschland

DE

Stadt Konstanz
KONSTANZ 🇩🇪

Fotos: © Dagmar Schwelle

Die größte Stadt am Bodensee vereint Urbanität und Natur, altertümlichen Charme und studentisches Flair, Kultur und Shoppingmöglichkeiten. Noch immer liegt der Hauch des Mittelalters über dieser Diva unter den Bodensee-Städten, die zu Zeiten des Konstanzer Konzils zur Prominenten wurde. Die verwinkelte, historische Altstadt, das erhabene Konstanzer Münster oder die berühmt-berüchtigte Imperia, die provokante Hafenstatue des Künstlers Peter Lenk, stehen bei einem Besuch von Konstanz auf dem Pflichtprogramm. Highlights wie das Seenachtfest oder der Weihnachtsmarkt, Festivals, Stadtführungen und Museen sowie Top-Ausflugsziele wie die Insel Mainau, das Sea Life, die Therme oder die Schifffahrt lassen keine Langeweile aufkommen. Dafür jedoch den leisen Gedanken, dass das Paradies hier vielleicht mehr als nur ein Stadtteil ist...

Marketing und Tourismus Konstanz GmbH

Bahnhofplatz 43 (im Bahnhof), 78462 Konstanz – ✆ +49 (0)7531/1330-30
✉ kontakt@konstanz-info.com – 🏠 www.konstanz-tourismus.de – 📷 konstanz_info

M10 True Active
KONSTANZ DE

Haben Sie das Zeug zum Ninja? Vielleicht hat M10 True Active die Antwort. Bei Lust auf Action, Spaß und Bewegung findet die ganze Familie hier gleich drei Missions (Im)possibles für jedes Wetter:

NINJA PARCOURS: sich einmal wie ein Ninja Warrior fühlen und Schnellig- keit, Geschicklichkeit und Ausdauer an verschiedensten Hindernissen testen. Allzu zart besaitet darf man hier allerdings nicht sein, denn die Herausforderung ist ernst gemeint!

3D MINIGOLF: Verrückte 3D Welten versprechen auf insgesamt 18 Bahnen ein völlig neues Minigolf Erlebnis.

LASER MAZE: hier passiert man schnellstmöglich einen Gang voller Laser- strahlen, ohne diese zu berühren! Man kann aus drei Schwierigkeitsstufen wählen und seine persönliche Bestzeit erreichen.

Tipp: Wer nicht die passende Herausforderung für sich gefunden hat, kann im hauseigenen Café verweilen.

M10 True Active GmbH
Maybachstraße 10, 78467 Konstanz – +49 (0)160/8001088
www.trueactive.de – m10_trueactive
Öffnungszeiten: Do. 16–21 Uhr, Fr. 15–21 Uhr, Sa. 11–22 Uhr, So. 12–18 Uhr
Preise: Je nach Herausforderung, Details siehe Homepage

Der Katamaran
KONSTANZ

Falls einmal das Gras auf der anderen Seeseite grüner sein sollte, ist der „Kat" eine praktische und komfortable Option für eine Überquerung nach Friedrichshafen. Das ganze Jahr über bringen die Katamarane „Constanze", „Fridolin" und „Ferdinand" Urlauber, Gäste und Einheimische in nur 52 Minuten über den See. Die Direktverbindung von Konstanz nach Friedrichshafen landet in den Innenstädten – schneller und bequemer als mit anderen Verkehrsmitteln. Bei schönem Wetter weht einem der Fahrtwind um die Nase. Bei schlechtem Wetter sitzt man in der eleganten Kabine und beobachtet die vorbeiziehende Landschaft. Bord-TV, Gastronomie und Kinderspielecke verkürzen die Zeit.

Der Katamaran, Anlegestellen Hafen Konstanz & Friedrichshafen
+49 (0)7531/3639320 – info@der-katamaran.de
www.der-katamaran.de - katamaran_bodensee
Fahrzeiten: Immer stündlich, siehe Homepage
Preise: Erwachsene 12.50,- / Kinder 5.90,- und andere Tarifdetails siehe Homepage

WESTLICHER BODENSEE   ERLEBNISSE   SCHIFFE, FÄHRE, BAHNEN

Fähre Konstanz-Meersburg
KONSTANZ DE

Schöne Ausblicke und Seewind genießen Passagiere der Autofähre bei der etwa viertelstündigen Fahrt über den Bodensee. Die „Schwimmende Brücke" verbindet seit fast einem Jahrhundert die Städte Meersburg und Konstanz. Während die Gäste mit dem Fahrrad, PKW oder zu Fuß übersetzen, können sie die Bordgastronomie sowie den Panoramablick auf das Bodenseeufer und die Alpen auskosten. Umweltschutz ist auch hier ein wichtiges Thema, deshalb sind alle Fähren mit modernen, kraftstoffsparenden und emissionsarmen Motoren unterwegs.

Tipp: Seit 2023 gibt es vergünstigte Familientickets, im Studiticket ist die Fähre inbegriffen und Fahrkarten können leicht an Bord erworben werden.

Fähre Konstanz-Meersburg, Anlegestellen Hafen Konstanz & Meersburg
⌂ www.faehre-konstanz.de – ⓘ stadtwerkekonstanz
Fahrzeiten: Etwa im Viertelstundentakt, siehe Homepage
Preise: Erwachsene 3.60,- / Kinder 1.80,- und andere Tarifdetails siehe Homepage

WESTLICHER BODENSEE — ERLEBNISSE — AUSFLUGSZIELE

SEA LIFE Konstanz
KONSTANZ DE

Meer Erleben am Bodensee? Kein Problem! Im SEA LIFE Konstanz leben über 3.000 Meeresbewohner, unter anderem die majestätische Grüne Meeresschildkröte, liebenswerte Eselspinguine, sanft dahingleitende Rochen und verbissen dreinschauende Piranhas. Natürlich kann man hier auch einen tollen Einblick in heimische Fischarten erhalten. Mitte Juni 2023 fand die lang ersehnte Wiedereröffnung nach Sanierungsarbeiten statt, durch die man das Meer nun auch bei Nacht erleben kann. Die Umgestaltung wartet unter anderem mit einem neuen Entdeckerbecken auf.

Tipp: Ebenfalls im SEA LIFE untergebracht und im Eintritt enthalten ist der Besuch des Bodensee-Naturmuseums. Garantierten Einlass ins Sea Life gibt es derzeit nur mit Online-Ticket / Reservierung.

SEA LIFE Konstanz GmbH

Hafenstraße 9, 78462 Konstanz – +49 (0)1806/66390101

slc.Konstanz@sealife.de – www.sealife.de – sealifekonstanz

Öffnungszeiten: Täglich 10–17 Uhr, August bis 18 Uhr, letzter Einlass 1h vor Schließung

Preise: Erwachsene ab 21,50,- / Kinder 14,50,- und andere Tarifdetails siehe Homepage

Archäologisches Landesmuseum Baden Württemberg

KONSTANZ 🇩🇪

Auf 3.000 qm präsentiert das ALM Funde aus Baden-Württembergs Vergangenheit und lädt zu einer Zeitreise vom Mittelalter bis zurück in die Steinzeit ein. Prunkstück ist die große Mittelalterausstellung, die sich hauptsächlich dem Konstanzer Stadtleben widmet. Zu sehen sind u.a. ein Lastschiff aus dem 14. Jahrhundert oder „Die Welt der Pfahlbauten" mit wertvollen Funden aus dem UNESCO Welterbe. Besonderer Beliebtheit erfreuen sich die bunten Playmobil-Ausstellungen zum Mittelalter, die regelmäßig wiederkehren.

Hinweis: 2024 ist das ALM Gastgeber der großen Landesausstellung „Klosterinsel Reichenau – Welterbe des Mittelalters" (20.04-20.08.2024) des badischen Landesmuseums, weshalb die derzeitigen Umbaumaßnahmen Teile des Museums unzugänglich machen.

Archäologisches Landesmuseum Baden-Württemberg
Benediktinerplatz 5, 78467 Konstanz – ☎ +49 (0)7531/9804-0
✉ info@konstanz.alm-bw.de – 🏠 www.konstanz.alm-bw.de
📷 alm_badenwuerttemberg
Öffnungszeiten: Geöffnet: Di.–So. und feiertags 10–17 Uhr
Preise: Erwachsene ab 6,- / Kinder und Jugendliche bis 18 frei

Rosgartenmuseum
KONSTANZ 🇩🇪

Im Herzen von Konstanz gelegen, war das Haus „Zum Rosgarten" im Mittel- alter das Zunfthaus der Metzger, Krämer, Apotheker, Hafner und Seiler. Seit seiner Gründung 1870 durch den Konstanzer Apotheker und Stadtrat Ludwig Leiner, sind hier die reichen Sammlungsbestände zur Geschichte der Stadt und ihrer Landschaft zu sehen. Der denkmalgeschützte Leinersaal im Erdgeschoss beherbergt heute noch die Sammlung des Museumsgründers. Neben wech- selnden Themenausstellungen präsentiert das Rosgartenmuseum in einer Dauerausstellung epochenübergreifende Exponate der eigenen Sammlung zur Stadt- und Regionalgeschichte. Nach der Reise in die Vergangenheit des Bodenseeraumes können sich Besucher einen Moment Ruhe sowie eine Stärkung im Museumscafé im historischen Anbau und Innenhof gönnen.

Rosgartenmuseum
Rosgartenstraße 3–5, 78462 Konstanz – ☎Tel. +49 (0)7531/900246
✉ Rita.Frank@konstanz.de – 🏠 www.rosgartenmuseum.de – 📷 rosgartenmuseum
Öffnungszeiten: Di.–Fr.: 10–18 Uhr, Sa./So./Feiertag: 10–17 Uhr
Preise: Einzelticket 3,– und Ermäßigungen siehe Webseite

WESTLICHER BODENSEE — ENTDECKUNGEN — MUSEEN

Städtische Wessenberg-Galerie
KONSTANZ

Die Konstanzer Wessenberg-Galerie ist aus einer Sammlung des letzten Bistumsverwesers, Freiherr von Wessenberg, hervorgegangen, welche ursprünglich aus Kupferstichen und Lithographien bestand. Die Galerie befindet sich im Kulturzentrum am Münster. Sie zeigt primär auf ihre Sammlung bezogene Wechselausstellungen, wobei der Schwerpunkt auf der Kunst des Bodenseeraums und des deutschen Südwestens von der zweiten Hälfte des 19. Jahrhunderts bis heute liegt. Im 2. Stockwerk erinnern das Wessenberg-Gedächtniszimmer an den Namensgeber, und das Hans Meid Kabinett an den bekannten badischen Graphiker.

Städtische Wessenberg-Galerie

Wessenbergstraße 43, 78462 Konstanz – ☏ Tel. +49 (0)7531/9002921

✉ barbara.stark@konstanz.de – ⌾ staedtische_wessenberg_galerie

Öffnungszeiten: Di.–Fr.: 10–18 Uhr, Sa./So. und feiertags: 10–17 Uhr, während Umbau geschlossen (8.-26. Jan. 2024)

Preise: Einzelticket 3,- und Ermäßigungen siehe Webseite

Hus-Haus
KONSTANZ 🇩🇪

Die Geschichte von Konstanz kreist immer wieder um das Konstanzer Konzil, und um den Reformator Jan Hus, der es wohl zu noch größerer Berühmtheit als die drei konkurrierenden Päpste und deren Wahlsieger gebracht hat – allerdings zum Preis seines Lebens. Die Tschechen verehren ihren mutigen Landsmann noch heute als Nationalheiligen. Durch seine Kirchenkritik zum Widersacher geworden, wurde er unter Zusicherung freien Geleits zum Konzil gelockt, und entgegen der Vereinbarung als Ketzer verbrannt. Das Fachwerkhaus am Schnetztor, in dem sich das Hus-Museum befindet, wird als seine Herberge vor der Verhaftung überliefert. Es beherbergt zu Ehren des Reformators eine Dauerausstellung. Zudem befindet sich hier seit 2007 die Geschäftsstelle der Vereinigung der Städte mit hussitischer Geschichte und Tradition. Von hier aus fördern die deutschen und tschechischen Mitgliedsstädte Begegnungen von Bürgerinnen und Bürgern beider Nationen, vor dem Hintergrund der hussitischen Gedankenwelt.

Hus-Haus Konstanz

Hussenstraße 64, 78462 Konstanz – ☎ +49 (0)7531/29042
✉ hus-museum@t-online.de
Öffnungszeiten: 1. Apr. – 30. Sept.: Di. – So. 11-17 Uhr, 1. Okt. – 31. März: Di. – So. 11-16 Uhr
Preise: Eintritt frei

Theater Konstanz
KONSTANZ 🇩🇪

Konstanz kann auch mit seiner kulturellen und künstlerischen Seite punkten. Wer nach abendlicher Unterhaltung sucht, der wird vom Stadttheater Konstanz nicht enttäuscht. Man sollte hier allerdings keine steife und allzu klassische Vorführung des Stückes erwarten, denn das Konstanzer Theater ist für seine humoristischen, modernen, teilweise auch provokanten Interpretationen bekannt. Traditionelle Stoffe werden anspruchsvoll und mit einer guten Portion avantgardistischer Skurrilität auf die Bühne gebracht. Ein Erlebnis besonderer Art ist das sommerliche Open-Air-Theater auf dem Münsterplatz, das alleine schon durch seine historische Kulisse für magische Momente sorgt.

Foto: © Ilja Mess

Stadttheater Konstanz

Theaterkasse im KulturKiosk: Wessenbergstraße 41, 78462 Konstanz

📞 +49 (0)7531/900-150 – ✉ theaterkasse@konstanz.de

🏠 www.theaterkonstanz.de – 📷 theaterkonstanz

Öffnungszeiten Theaterkasse: Mo.–Fr. 10–18.30 Uhr, Sa. 10–13 Uhr und jeweils 1h vor Vorstellungsbeginn

Preise: Je nach Rang und Vorstellung, siehe Webseite

Bodensee-Therme Konstanz
KONSTANZ DE

Im Wasser und mit Blick auf das Wasser: Die Bodensee-Therme Konstanz besticht durch ihre Lage direkt am Ufer des Bodensees. Während man sich vom wohlig warmen Thermalwasser des Außenbeckens umspülen lässt, genießt man den herrlichen Blick über das Alpenpanorama und auf den Bodensee – selbst im Winter, ohne zu frieren. Besonders abends unter dem Sternenhimmel, mit nebeligem Dunst und farbiger Beleuchtung, ist die Therme der ideale Bodensee-Tipp für Romantiker. Im Inneren entspannt man auf Sprudelliegen oder lässt sich von unterschiedlich positionierten Düsen massieren. Der 36 Grad warme Quelltopf heizt so richtig ein, und auch die Saunalandschaft bietet Entspannung. Für die Kleinen gibt es ein Kleinkinderbecken mit Bodenbrodler, Wasserpilz und Schiffchenkanal. Ein ganzjähriges Ausflugsziel, das müde, aber auch glücklich macht!

Bodensee-Therme Konstanz
Zur Therme 2, 78464 Konstanz – +49 (0)7531/363070
www.therme-konstanz.de – bodenseetherme
Öffnungszeiten: Tägl. 9–22 Uhr; Sauna tägl. 10–22 Uhr, dienstags Damensauna
Preise: Je nach Umfang, siehe Webseite

WESTLICHER BODENSEE — ERLEBNISSE — WASSERSPASS, WELLNESS, SAUNA

Schwaketenbad
KONSTANZ 🇩🇪

Wie der Phönix aus der Asche wurde es wiedergeboren. Bald 10 Jahre ist es her, doch die meisten Konstanzer erinnern sich an das traurige Ereignis, als das Schwaketenbad im Zuge von Handwerkerarbeiten in Brand geriet. Das Bad wurde schmerzlich vermisst, doch 2017 kam es dann zum ersehnten Spatenstich für den Wiederaufbau. Nun ist es schöner als je zuvor: Das 2022 neu eröffnete Schwaketenbad ist ideal für einen ausgelassenen Badetag mit der Familie oder zu zweit. Es ist ein wahres Schmuckstück geworden: Beim Eintreten erwartet die Badegäste eine helle Badehalle mit viel Holz und einer auffallenden Decke. Große Fensterflächen erlauben den Blick ins Grüne. Mit der modernen Architektur, vielen Wasserflächen, Kinderbereich und waghalsigen Erlebnisrutschen mit Lichteffekten sind alle Sorten von Badegästen bedient.

Schwaketenbad Konstanz
Schwaketenstr. 35, 78467 Konstanz – ☎ +49 (0)7531/8032600
✉ kontakt@konstanzer-baeder.de – 🏠 www.schwaketenbad.de – 📷 schwaketenbad
Öffnungszeiten: Mo., Fr., Sa. 9-21 Uhr, Di.-Do.: 7-21 Uhr, So. und feiertags: 9-20 Uhr
Preise: Je nach Umfang, siehe Webseite

Anglerstuben
KONSTANZ 🇩🇪

Das Anglerstuben ist ein Geheimtipp, und es tut immer ein bisschen weh, die lieben Geheimtipps zu offenbaren – will man sie doch lieber für sich behalten.

Abseits der Altstadt liegt dieser Hidden Champion der Konstanzer Kulinarik. Das Menü ist überschaubar klein und wechselhaft, es scheint das Motto zu gelten: „Weniger ist mehr". Ganz richtig, denn unserer Erfahrung nach ist eine kleine Karte oft Merkmal von Sorgfalt und Qualität. Im Anglerstuben bestätigt sich das. Von Wildgulasch mit Preiselbeeren über Zander- oder Hechtfilet bis hin zu Risotto, Hühnerfrikassee oder Hecht: Sämtliche Speisen sind Kunstwerke. Die fröhlich lockere Atmosphäre, ein grandioser Service und eine kenntnisreiche Weinbegleitung sind das Sahnehäubchen auf dem Dessert. Das Team um Küchenchef Jari Dochart und Christian Siebel ist zudem voller sympathischer Herzlichkeit. Kein Wunder, dass das Anglerstuben einen so schnell am Haken hat...

Restaurant Anglerstuben
Reichenaustraße 51, 78467 Konstanz – ☎ +49 (0)7531/8180487
✉ info@anglerstuben.com – 🏠 www.anglerstuben.com – 📷 restaurant_anglerstuben
Öffnungszeiten: Di.-Fr. 11:30–14 und 18–23 Uhr, Sc. 18–23 Uhr

Hotel Riva & Restaurant Ophelia
KONSTANZ DE

Ein Herz, das für Gourmet-Restaurants schlägt, kann leicht an das Ophelia verloren werden. Sowohl die raffinierten Speisen als auch das Weinangebot sind bemerkenswert. Das Team um den Chefkoch Dirk Hoberg verliert dabei die regionale Verortung nicht aus dem Blick. Mal grüßt der Bodenseeaal, dann wieder erfreut ein Saiblingstörtchen oder eine Variation des Bodenseefelchens. Vom Eintritt in das Restaurant bis zum Abschied wird eine wahre Choreographie des Dinierens geboten. Dennoch ist die Atmosphäre ungezwungen und entspannt – etwas, das Gourmet-Restaurants gerne mal vermissen lassen. Das Restaurant ist Teil des Edelhotels Riva, das ebenfalls eine empfehlenswerte Adresse für anspruchsvolle Gäste ist; und zwar solche, die keinesfalls unter freiem Himmel, wohl aber unter mindestens 4 Sternen nächtigen wollen. Die Zimmer sind modern und die Kombination aus klassischen und trendigen Elementen funktioniert überraschend gut.

Gourmetrestaurant Ophelia (im Hotel RIVA)

Seestraße 25, 78464 Konstanz – ☏+49 (0)7531/363090

✉ welcome@hotel-riva.de – ⌂ www.restaurant-ophelia.de – ⊙ restaurant.ophelia

Öffnungszeiten: Do.—Mo. ab 18.30 Uhr, Bestellungen bis 19.30

Preise Riva: DZ ab ca. 167,-

Seenachtfest

KONSTANZ 🇩🇪 / KREUZLINGEN 🇨🇭

Jeden August lassen es die Konstanzer und Kreuzlinger ordentlich krachen. Das Seenachtfest nimmt den kompletten Hafen und gleich zwei Länder ein. Die Hafenpromenade wird zu einer festlichen Bühne, bei der von Musikern bis hin zu Gauklern mancherlei Künstlervolk zur Hochform aufläuft. Auf dem Seenachtfest-Markt lassen sich hübsche Gegenstände und Schmuckstücke erstehen, die das Heim verzieren oder den Liebsten eine Freude bereiten, und natürlich gibt es auch die obligatorischen Essenstände, die ihren verführerischen Duft verströmen. Kurz nach 22 Uhr wird das Sonnenlicht ausgeknipst und alles versammelt sich zum alljährlichen Höhepunkt des Festes. Unzählige Köpfe werden in die Höhe gestreckt, und zum Einsatz einer elektrisierenden Melodie färbt sich die schwarze Himmelsleinwand bunt – es ist Zeit für das berühmte Musikfeuerwerk! Es zählt nicht nur zu den größten Seefeuerwerken Europas, sondern lockt jedes Jahr zehntausende Besucher an. Nach dem Grund dafür muss man nicht lange fragen. Lichterfontänen in allen Regenbogenfarben, die sich auf dem Wasser spiegeln, sagen mehr als Worte.

Seenachtfest Konstanz

78467 Konstanz – ☎ +49 (0)711/9829340

✉ info@seenachtfest.de – 🏠 www.seenachtfest.de – 📷 konstanzer_seenachtfest

Öffnungszeiten: nächster Termin: 10. August 2024

Preise: Infos zu den Tickets ab Frühjahr 24, siehe Webseite

Konstanzer Weihnachtsmarkt
KONSTANZ 🇩🇪

Fotos: © Achim Mende

Nicht nur zur Sommerzeit lohnt sich ein Besuch von Konstanz. Der Winterzauber am See gehört zu den Erlebnissen, die am meisten unterschätzt werden. Tannenbäume, Hüttenromantik und unzählige Lichter verwandeln die Stadt in ein Weihnachtsmärchen, das selbst den verbitterten Scrooge aus der Fassung bringen würde. In der Luft liegen eine Menge magischer Düfte: Von Zimt und Kerzenwachs bis hin zu Nelken und gebrannte Mandeln. Sie können Weihnachten förmlich riechen, während Sie zwischen den feierlich geschmückten Ständen über den Markt spazieren. Hier bietet sich eine gute Gelegenheit, Geschenke zu besorgen, sich mit einer Tasse Glühwein oder Punsch aufzuwärmen und den Bodensee in seiner besinnlichsten Zeit zu erleben. Kleine Besucher, die wegen des bevorstehenden Festes ohnehin schon völlig aus dem Häuschen sind, werden das historische Pferdekarussel und das Wichtel-Dorf lieben. Eine besondere Sehenswürdigkeit ist natürlich das Konstanzer Weihnachtsschiff MS Stuttgart, das am Hafen ankert und eine Panoramabar besitzt. Vorfreude, schönste Freude!

Weihnachtsmarkt am See GbR
Sankt-Gebhard-Straße 17-19, 78467 Konstanz – ☎ +49 (0)7531/23763
✉ info@weihnachtsmarkt-am-see.de – ⌂ www.weihnachtsmarkt-am-see.de
⌾ weihnachtsmarkt.am.see
Öffnungszeiten: 30.11-23.12, tägl. 11-20 Uhr, Fr. und Sa. bis 21.30 Uhr

Campus Festival
KONSTANZ 🇩🇪

Jeden August lassen es die Konstanzer und Kreuzlinger ordentlich krachen. Das Seenachtfest nimmt den kompletten Hafen und gleich zwei Länder ein. Die Hafenpromenade wird zu einer festlichen Bühne, bei der von Musikern bis hin zu Gauklern mancherlei Künstlervolk zur Hochform aufläuft. Auf dem Seenachtfest-Markt lassen sich hübsche Gegenstände und Schmuckstücke erstehen, die das Heim verzieren oder den Liebsten eine Freude bereiten, und natürlich gibt es auch die obligatorischen Essenstände, die ihren verführerischen Duft verströmen. Kurz nach 22 Uhr wird das Sonnenlicht ausgeknipst und alles versammelt sich zum alljährlichen Höhepunkt des Festes. Unzählige Köpfe werden in die Höhe gestreckt, und zum Einsatz einer elektrisierenden Melodie färbt sich die schwarze Himmelsleinwand bunt – es ist Zeit für das berühmte Musikfeuerwerk! Es zählt nicht nur zu der größten Seefeuerwerken Europas, sondern lockt jedes Jahr zehntausende Besucher an. Nach dem Grund dafür muss man nicht lange fragen. Lichterfontänen in allen Regenbogenfarben, die sich auf dem Wasser spiegeln, sagen mehr als Worte.

Campus Festival Konstanz gemeinnützige GmbH
Bücklestraße 3-5, 78467 Konstanz – ☎ +49 (0)7531/584788-2
✉ info@campusfestival-kn.de – 🏠 www.campusfestival-kn.de
📷 campus.festival.konstanz
Öffnungszeiten: Nächster Termin: 10.-11. Mai 2024
Preise: Reguläres Wochenend-Ticket ab 120,- / Details siehe Webshop

Grenzüberschreitender Flohmarkt

KONSTANZ 🇩🇪 / KREUZLINGEN 🇨🇭

Der grenzüberschreitende Flohmarkt in Konstanz beziehungsweise Kreuzlingen ist der siebte Himmel für alle Flohmarkt-Fanatiker. Antiquitäten, Bücher, Kleidung, Spielsachen, Kunstgegenstände, Alltagsbedarf und tausenderlei andere Dinge – Altes und Neues, Nützliches und Lustiges verstecken sich im kunterbunten Treiben auf über tausend Marktständen. Hier kann man nach Herzenslust seine Passion fürs Stöbern und Feilschen ausleben, bis man des Handelns und Laufens müde geworden ist. Und das gilt selbst für die hartgesottensten Power-Shopper, denn der zur Legende gewordene Flohmarkt dauert ganze 24 Stunden – was bedeutet, dass man diesen Flohmarkt auch um 3 Uhr nachts, am besten mit einer Taschenlampe, besuchen kann. Auch die Ländergrenze löst sich zu diesem Anlass auf und macht den Flohmarkt zu einer absoluten Besonderheit, die jedes Jahr bis zu 80.000 Gäste anlockt. Und wie Flohmärkte so sind, kann man natürlich bahnbrechende Schnäppchen machen. Einzig die Atmosphäre und die Nähe zum See bleiben unbezahlbar.

Foto: © MTK / Chris Danneffel

Marketing und Tourismus Konstanz GmbH

Obere Laube 71, 78462 Konstanz – ☎ +49 (0)7531/1330-86
✉ flohmarkt@konstanz-info.com – 🏠 www.konstanz-info.com
Öffnungszeiten: Nächster Termin: 15.–16. Juni 2024

Lago Shoppingcenter
KONSTANZ 🇩🇪

Das Lago ist das größte Einkaufszentrum am Bodensee und daher ein unbedingtes Muss, falls man einen Shoppingtag für seinen Bodenseeurlaub einplant. In dem modern gestalteten Center sind circa 70 Shops untergebracht, die ein Angebot von Schmuck, Kleidung, Büchern, Geschenkartikeln, Kosmetik, Feinkost bis hin zum Fotografen, Reisebüro und Friseur umfassen. Klassische Trendmarken wie Zara, H&M und Tally Weijl sind genauso vertreten wie Highend Fashion von Hugo Boss, Marc Cain und Levis. Für müde Füße und hungrige Mägen gibt es natürlich einen Genuss- und Loungebereich. Immer wieder faszinierend ist die auffällige saisonale Dekoration, die eine überraschende Balance zwischen stilsicher und kitschig findet. Wem noch ein passendes Abendprogramm fehlt, insbesondere bei Regen, sollte das Kinoprogramm im CineStar konsultieren.

Lago Shoppingcenter
Bodanstraße 1, 78462 Konstanz – ☎+49 (0)7531/691336-17
✉ info@lago-konstanz.de – 🏠 www.lago-konstanz.de – 📷 lagokonstanz
Öffnungszeiten: Do.-Fr. 10–20 Uhr, Sa. 9.30–20 Uhr

Flower-Power am Bodensee
INSEL MAINAU 🇩🇪

Auf der Blumeninsel Mainau grünt und blüht es, soweit das Auge reicht. Auch wer selbst einen grünen Daumen hat, kann vor der kunstvollen Gärtnerei dieses floristischen Paradieses nur den Hut ziehen. Nicht umsonst zählt die Insel der Grafschaft Bernadotte zu den bekanntesten Zielen am Bodensee. Blüten in allen Farben und Formen, Sträucher und Büsche in mannigfaltigen Grüntönen, Palmen und gigantische Mammutbäume: Hier kann man beim besten Willen nicht über Vegetationsarmut klagen. Ein Spaziergang auf der Mainau ist tatsächlich so schön, dass man sogar den Eintrittspreis vergisst und am liebsten selber Wurzeln schlagen würde.

Tipp: Beim richtigen Timing lohnt sich auch im Winter ein Besuch, denn der Christmas Garden macht die Mainau zum funkelnden Lichtermeer und Winter-Wunderland! Achten Sie übrigens generell auf den richtigen Zeitpunkt, meiden Sie also wenn möglich z.B. Hauptferienzeiten oder Osterwochenenden.

Mainau GmbH
78465 Insel Mainau – ☎ +49 (0)7531/303-0
✉ info@mainau.de – 🏠 www.mainau.de – 📷 inselmainau
Öffnungszeiten: Ganzjährig von Sonnenaufgang bis Sonnenuntergang
Preise: Erwachsene 25.50,- / Kinder bis 12 frei

Kloster- und Gemüseinsel
INSEL REICHENAU 🇩🇪

Die Insel Reichenau ist UNESCO-Weltkulturerbe und ohne Frage einen Ausflug wert. 3 mittelalterliche Kirchen zieren die kleine (und dennoch größte) Insel des Bodensees. Sie sind Bestandteil des alten Klosters Reichenau, wo sich seinerzeit ein geistiges Zentrum der Benediktinermönche von weitreichender kultureller Bedeutung etabliert hatte. Das milde Klima sorgt dafür, dass die Reichenau ein idealer Ort für Gemüseanbau ist. Ruhige Landschaftsidylle und Restaurants mit frischem Fisch, und natürlich knackigem, lokalem Reichenau-Gemüse, machen die Insel auch bei Einheimischen beliebt. Im Sommer gibt es fast täglich einen kleinen Gemüsemarkt.

Tourist-Information Reichenau
78479 Reichenau – ☏ +49 (0)7534/9207-0
✉ info@reichenau-tourismus.de – ⌂ www.reichenau-tourismus.de
◉ reichenau_bodensee

Solarfähre Reichenau
INSEL REICHENAU

Sommer, Sonne, See, Solarfähre: Bis es im Oktober in die Winterpause geht, können Bodenseeurlauber mit der Solarfähre Reichenau vollkommen klimaneutral über den See fahren. Täglich gibt es 18 Fahrten zwischen Reichenau und Mannenbach in der Schweiz, für alle, die einen Ausflug über den Untersee unternehmen wollen und dabei in mehrfacher Hinsicht die Umwelt im Blick behalten möchten. Auf frühzeitige Anfrage können auch Seemannskost und Getränke offeriert werden. Hinweis: Das Wetter muss für die Solarfähre trocken, windarm und gewitterfrei sein. Die Bezahlung erfolgt bar auf dem Schiff.

Solarfähre Reichenau

An der Schiffslände 1, 78479 Insel Reichenau – ✆ +49 (0)178/5810080
✉ solarfaehre.reichenau@gmail.com – 🏠 www.solarfaehre-reichenau.de
📷 solarfaehre.reichenau

Öffnungszeiten: Fahrtzeiten siehe Webseite

Preise: Einfache Fahrt: Erwachsene 6,- / Kinder 3,- und sonstige siehe Webseite

Museum Reichenau

INSEL REICHENAU

Die Inselbesucher können sich im Museum Reichenau in drei Museums- einheiten über die kulturhistorische Bedeutung der Reichenau informieren. Gemeinsam mit den drei romanischen Kirchen bilden die Museen, die sich in unmittelbarer Nähe dazu befinden, ein „Informationsnetzwerk" zum UNESCO Welterbe „Klosterinsel Reichenau". Zu den präsentierten Ausstel- lungsthemen gehören u.a. die Baugeschichte der Kirchen, die Dichtungen des Mönchs Walahfrid Strabo, der auf der Reichenau entstandene sogenannte St. Galler Klosterplan, das Wirken des wissenschaftlich tätigen Mönchs Hermann des Lahmen und die Reliquienverehrung. Einen Schwerpunkt bildet die Darstellung der Reichenauer Buchmalerei.

Museum Reichenau
Ergat 1+3, 78479 Insel Reichenau – ☎+49 (0)7534/999321 oder 9207-0
✉ info@museumreichenau.de – ⌂ www.museumreichenau.de
Öffnungszeiten: April-Oktober: tägl. 10.30–16.30 Uhr, Juli-August: tägl. 10.30–17.30 Uhr, Nov.-März: Sa., So., Feiertag jeweils 14–17 Uhr
Preise: Erwachsene 5,- / Kinder 2,- und Ermäßigungen siehe Webseite

WESTLICHER BODENSEE — ENTDECKUNGEN — CITY VISITS

Stadt Allensbach
ALLENSBACH 🇩🇪

Allensbach Hat´s: Das ist das Motto dieser beschaulichen Gemeinde am Bodensee. Aber was hat Allensbach denn nun? Eigentlich das Meiste, was man sich von einem Bodensee Urlaub so wünschen kann: Naturnahe Erholung mit dörflicher Entspanntheit und grüner Umgebung, den Premiumwanderweg Seegang und direkte Seenähe, viel Sonne, ein wechselndes Kulturangebot, das Mühlenwegmuseum mit seiner literarischen Dauerausstellung und als Highlight einen kinderfreundlichen Wild- und Abenteuerpark – eine gute Wahl also, wenn man weniger touristischen Trubel und städtische Aufgeregtheit als in Konstanz sucht. Auch das in einem Allensbacher Ortsteil gelegene Kloster Hegne im historischen Schloss verdient einen Blick. Es wurde 1892 von den Barmherzigen Schwestern erworben.

Kultur- und Verkehrsbüro Allensbach im Bahnhof
Konstanzer Str. 12, 78476 Allensbach – ☎ +49 (0)7533/801-34/ -35
✉ tourismus@allensbach.de – 🏠 www.allensbach.de – 📷 allensbachambodensee

WESTLICHER BODENSEE ERLEBNISSE PARKS & ZOOS

Wild- und Freizeitpark Allensbach
ALLENSBACH 🇩🇪

ie weitläufige Parkanlage bietet naturnahen Lebensraum für verschiedene Wildtiere aus der überwiegend heimischen, europäischen Tierwelt. Bären, Wisente, Damwild, Rotwild, Steinböcke aber auch Wildschweine und Sika-hirsche können aus nächster Nähe beobachtet werden. Besonders schön ist die Stimmung im Herbst, wenn man zwischen buntem Laub durch das Parkareal schlendert. Der Park beherbergt zudem ein Kinderparadies mit Attraktionen zum Spielen, Entdecken und Spaß haben. Zum Beispiel die Wildpark-Eisenbahn oder den großen Abenteuerspielplatz mit Trampolin, Seilbahn, Karussell, Mega-Hüpfkissen, Riesenrutsche und Wasserspringbooten. Zweimal täglich gibt es Einblick in die Welt der Greifvögel, wenn die majestätischen Tiere bei den Flugvorführungen der Falknerei ihr Können zeigen oder elegant über die Köpfe der Zuschauer gleiten (nur bei entsprechender Witterung, denn sie sind Regen- und Wintermuffel, genau wie wir).

Wild- & Freizeitpark Allensbach
Gemeinmärk 7, 78476 Allensbach – 📞+49 (0)7533/931619
🏠 www.wildundfreizeitpark.de – 📷 wildundfreizeitpark_allensbach
Öffnungszeiten: Ganzjährig geöffnet! Mai–September tägl. 9–17 Uhr, Okt.–April tägl. 10–17 Uhr. Parkaufenthalt nach Kassenschluss bis 19.30 Uhr
Preise: Erwachsene 15,- / Kinder 13,-

Landgasthaus Mindelsee
ALLENSBACH 🇩🇪

Foto: © Reinhold Köfer

Wer ein bodenständiges, gemütliches und familienfreundliches Hotel sucht, ist im Landgasthaus Mindelsee gut aufgehoben. 17 komfortable Nichtraucher-Doppelzimmer mit Dusche/WC, TV, WLAN und Telefon bieten Raum zum Ausspannen und Wohlfühlen, Haustiere sind ebenfalls erlaubt. Vor dem Haus steht den Gästen ein großer Parkplatz zur Verfügung. Die Hotelgäste haben zudem täglich freien Eintritt in den Wild- und Freizeitpark.

Das gemütliche Hotelrestaurant verköstigt mit einer frischen und regionalen Küche, und für Wanderer und Radfahrer ist das Gasthaus ein geeigneter Ausgangspunkt für sportliche Touren. Bei diesen passenden Rahmenbedingungen steht dem Urlaub in Allensbach nichts mehr im Wege!

Landgasthaus Mindelsee
Gemeinmärk 7, 78476 Allensbach – ☎ +49 (0)7533/931613
🏠 www.landgasthaus-mindelsee.de
Öffnungszeiten: Mo. bis 18 Uhr, Do. bis 22 Uhr, Fr. – So. bis 20 Uhr
Preise: DZ ab 130,-

Hotel St. Elisabeth des Klosters Hegne

ALLENSBACH-HEGNE 🇩🇪

Die Insel Reichenau ist UNESCO-Weltkulturerbe und ohne Frage einen Ausflug wert. 3 mittelalterliche Kirchen zieren die kleine (und dennoch größte) Insel des Bodensees. Sie sind Bestandteil des alten Klosters Reichenau, wo sich seinerzeit ein geistiges Zentrum der Benediktinermönche von weitreichender kultureller Bedeutung etabliert hatte. Das milde Klima sorgt dafür, dass die Reichenau ein idealer Ort für Gemüseanbau ist. Ruhige Landschaftsidylle und Restaurants mit frischem Fisch, und natürlich knackigem, lokalem Reichenau-Gemüse, machen die Insel auch bei Einheimischen beliebt. Im Sommer gibt es fast täglich einen kleinen Gemüsemarkt.

Hotel St. Elisabeth des Klosters Hegne
Konradistr. 1, 78476 Allensbach-Hegne – ☎ +49 (0)7533/93662000
✉ info@st-elisabeth-hegne.de – 🏠 www.st-elisabeth-hegne.de
Preise: DZ ab 149,-

Mühlenwegmuseum Allensbach
ALLENSBACH 🇩🇪

Fritz Mühlenweg (geb. 1898 in Konstanz und gest. 1961 in Allensbach), ein gelernter Kaufmann, nahm ab 1927 als Rechnungsführer an Sven Hedins letzter Ostasien-Expedition teil und durchreiste bis 1932 drei Mal die Mongolei. Die Begegnungen und Eindrücke verarbeitete er später in Romanen, so in seinem preisgekrönten Buch „In geheimer Mission durch die Wüste Gobi", das in acht Sprachen übersetzt wurde, sowie in zahlreichen Erzählungen, Gedichten und Bildern.

Das Mühlenwegmuseum inszeniert diese spannende Biografie unter anderem mit Fotografien, Bildern, Exponaten, dem Expeditionsfilm, Hörstationen und erstaunlichen Leihgaben der Familie sowie aus dem Nachlass.

Tipp: Sonderführungen gibt es auch mit Apéro.

Mühlenwegmuseum Allensbach

Konstanzer Str. 12, im Bahnhof, 78476 Allensbach – ☏ +49 (0)7533/80135

✉ mma@allensbach.de – 🏠 www.mühlenwegmuseum.de

Öffnungszeiten: 1. Jun. bis 15. Sep.: Mo.–Fr. 9–18, Sa. 10–13 Uhr,
16. Sept. bis 31.Mai: Mo.–Fr. 9–12 und 14–17 Uhr

Preise: Erwachsene 3,- / Kinder unter 6 frei und Ermäßigungen siehe Webseite

WESTLICHER BODENSEE ENTDECKUNGEN CITY VISITS

Fotos: © Achim Mende

Stadt Radolfzell
RADOLFZELL 🇩🇪

Man darf sich vom weniger einladenden Bahnhofsgelände nicht zu einem vorschnellen Urteil verführen lassen, denn Radolfzell besitzt eine hübsche Altstadt und mit dem Mettnaupark am Seeufer ein echtes Kleinod. Die großen Plätze und schmalen Gassen der Altstadt erzählen spannende Geschichten von der Gründung Radolfzells bis in die Moderne. Heute bieten sie Raum für lebendiges Treiben auf Wochen- und Abendmärkten. Zu einer ausgedehnten Einkaufstour bieten zahlreiche Einzelhändler und das seemaxx Outlet Center Gelegenheit. Wer Ruhe und Erholung sucht, findet diese ebenfalls in Radolfzell, denn rund um die drittgrößte Stadt am Bodensee erstreckt sich ein Stück unberührte Natur: Riedflächen, Mischwälder, Naturseen und eines der ältesten Naturschutzgebiete Deutschlands. Die beliebte bora Sauna macht das Erholungsangebot komplett. Aber auch für Action ist beispielsweise im Kletterwerk Radolfzell gesorgt.

Tourismus- und Stadtmarketing Radolfzell GmbH
Bahnhofplatz 2, 78315 Radolfzell – ☎ +49 (0)7732/81500
✉ info@radolfzell-tourismus.de – 🏠 www.radolfzell-tourismus.de
📷 radolfzell_tourismus

seemaxx Outlet Center
RADOLFZELL 🇩🇪

Shoppen, wo andere Urlaub machen. Oder Urlaub machen, wo andere shoppen? Das seemaxx hat sich zu einem Einkaufsmagneten in der Bodenseeregion entwickelt und bietet ein umfassendes Angebot aus über 40 bekannten Modemarken zu Outlet-Preisen. Mit der großen Erweiterung 2016 wurde die Einkaufsfläche des seemaxx auf rund 8.500 qm fast verdoppelt. Tommy Hilfiger ist ebenso vertreten wie Nike, Tom Tailor, s.Oliver, Marc O'Polo, Wellensteyn oder Jack Wolfskin, um nur einige zu nennen. Ob man im Seemaxx glücklich wird, hängt ganz davon ab, ob man mit diesen Marken etwas anfangen kann. Schnäppchen-Chancen gibt es jedenfalls genügend!

Tipp: An extrem überlaufenen Tagen sollte man sich in geduldiger Stimmung befinden, denn dann kann hier schon einmal viel los sein.

---

seemaxx Outlet Center Radolfzell
Schützenstr. 50, 78315 Radolfzell – ☎ +49 (0)7732/940999-30
✉ info@seemaxx.de – 🏠 www.seemaxx.de – 📷 seemaxxoutlet
Öffnungszeiten: Mo.-Fr. 10 - 19 Uhr, Sa. 9 -19 Uhr

bora Sauna & Hotel
RADOLFZELL 🇩🇪

Das Bora Hot Spa Resort und die bora Sauna sind ein heißer Tipp in Radolfzell. Mitten ins Naturschutzgebiet integriert sich der mit alten Baumbeständen angelegte Saunagarten mit direktem Seezugang. Auch das Hotel orientiert sich an diesem Landschaftskontext und hüllt sich in ein modernes, gradliniges und mit naturbelassenen Hölzern ausgestattetes Design. Einige Zimmer haben kompletten Seeblick. Saunabesucher haben die Wahl zwischen acht verschiedenen Wellnessräumen wie Erdsauna, Kelo-Saura, Sanarium, Dampfbad, Rauchsauna, Bambussauna, Salzgrotte und Infrarotkabine. Tiefe Entspannung kann man auch im japanischen Onsenbad genießen, das Seltenheitswert besitzt. Das Angebot reicht von verschiedenen Körper- und Gesichtsmassagen und Ayurvedischen Massagen bis zu verschiedenen kosmetischen Behandlungen.

Hinweis: Die Saunanutzung ist für Hotelgäste inklusive.

bora Sauna

Karl-Wolf-Straße 33, 78315 Radolfzell – ✆ +49 (0)7732/9406330
✉ info@bora-sauna.de – 🏠 www.bora-sauna.de – 📷 borasauna
Öffnungszeiten: Öffentliche Sauna: tägl. 10-22 Uhr
Preise Hotel: DZ ab ca. 230,- und Sauna für Externe: 25 bis 34,- / Kinder 23,-

Stadtmuseum Radolfzell in der alten Stadtapotheke

RADOLFZELL DE

Das Stadtmuseum Radolfzell in der alten Stadtapotheke hat es sich zur Aufgabe gemacht, Geschichte lebendig zu halten. Die originale Offizin aus der Biedermeierzeit und weitere Apothekenräume lassen vergangene Zeiten vor dem Besucher auferstehen. Baufenster geben Einblick in die 300-jährige Hausgeschichte. Einzelne Themeninseln illustrieren wichtige Episoden aus der Vergangenheit Radolfzells und bringen Besuchern die Stadtgeschichte näher. Mit allerhand Objekten und Visualisierungen wird unter anderem das mittelalterliche Radolfzell thematisiert. Wechselnde Sonderausstellungen und ein reichhaltiges museumspädagogisches Programm ergänzen diese Inhalte und behandeln aktuelle Themen.

Stadtmuseum Radolfzell

Seetorstraße 3, 78315 Radolfzell – ☎ +49 (0)7732/81530

✉ museum@radolfzell.de – 🏠 www.stadtmuseum-radolfzell.de

Öffnungszeiten: Donnerstag–Sonntag 11–17 Uhr

Preise: Erwachsene 6,- / Kinder bis 18 frei, Ermäßigungen siehe Webseite

La Oliva
RADOLFZELL 🇩🇪

Wer am Bodensee bereits den Hauch des Mediterranen spürt, kann diesen Flair kulinarisch unterstreichen. Die Sonne und das Meer Spaniens und Italiens kann das La Oliva zwar nicht bieten, aber das dürfte auch das Einzige sein, das man bei seinem Besuch vermisst. Das etwas versteckte Restaurant bietet unter der Führung von Eladio Rodriguez und seinem Team eine kulinarische Reise durch Spanien und Italien mit einer Auswahl an Speisen besonderer Qualität an, z.B. Tapas, Fisch- und Fleischgerichte sowie hausgemachte Pasta. Wem das gefällt, der wird auch von der Weinkarte begeistert sein. Unter der Woche bietet das La Oliva einen täglich wechselnden, aber gleichbleibend schmackhaften 3-Gänge-Mittagstisch an. Schon nach dem ersten Bissen werden Sie nicht mehr lange überlegen müssen, wohin der nächste Urlaub geht

....

La Oliva

Höristraße 2, 78315 Radolfzell – ☎ +49 (0)7732/8233646

🏠 www.la-oliva-radolfzell.de – 📷 restaurante_la_oliva

Öffnungszeiten: Mo.–Fr. und So. 11.30–14.30 und 18–23 Uhr, Sa. 18–23 Uhr

Halbinsel Höri
GAIENHOFEN 🇩🇪

Die Halbinsel Höri als frühere „Künstlerenklave" ist eine dringende Empfehlung für Wanderlustige sowie Natur- und Kulturliebhaber. Hier können Sie auf den Fußspuren großer Namen wie Hermann Hesse und Otto Dix wandeln und deren Lebensabschnitt am Bodensee nachverfolgen. Einheimische hört man munkeln, dass der Name „Höri" davon kommt, dass der Herrgott so zufrieden mit dem kleinen Eldorado war, dass er genau hier sein Werk mit „Jetzt höri uff" für vollendet erklärte. Obwohl das freilich übertrieben ist, gibt es auf der Halbinsel, die zwischen Radolfzell und Stein am Rhein liegt und fast vollständig unter Naturschutz steht, viel zu erleben und zu entdecken – insbesondere eine erstaunliche Naturvielfalt. Nirgendwo sonst wird beispielsweise die „endemische" Zwiebelart Höri-Bülle angebaut.

Kultur- und Gästebüro Gaienhofen / REGIO Konstanz-Bodensee-Hegau e.V.
Im Kohlgarten 2, 78343 Gaienhofen – ☏+49 (0)7735/9999100
✉ gemeinde@gaienhofen.de

Hesse Museum
GAIENHOFEN 🇩🇪

Wagen Sie sich in die Höhle des Steppenwolfs! Das Hesse Museum Gaienhofen zeigt neben seiner Sammlung zur Künstler- und Literaturlandschaft der Höri die Dauerausstellung „Gaienhofener Umwege. Hermann Hesse und sein 1. Haus" am originalen Ort. Die ehemalige Wohn- und Arbeitsstätte des Schriftstellers und späteren Nobelpreisträgers Hermann Hesse in den Jahren 1904 bis 1907 ist Herzstück des Museums. Wechselnde Sonderausstellungen und Veranstaltungen runden das Angebot ab.

Hesse Museum Gaienhofen

Kapellenstraße 8, 78343 Gaienhofen – ☎+49 (0)7735/440949

✉ hesse-museum@gaienhofen.de – 🏠 www.hesse-museum-gaienhofen.de

Öffnungszeiten: 15.3.–31.10.: Di.–So. 10–17 Uhr, 1.11.–14.3.: Fr.–Sa. 14–17 Uhr, So. und feiertags 10–17 Uhr

Preise: Erwachsene 6,- / Kinder 2,- und Ermäßigungen siehe Webseite

Hotel Gasthaus Hirschen
GAIENHOFEN 🇩🇪

Das Hirschen trägt den sehr passenden Beititel „Refugium am See". In deutlich modernerem Ambiente, als es der Name vermuten lässt, kann man in diesem Wellnesshotel die Seele baumeln lassen. Erst kürzlich wurde das Hotel neu umgebaut. Das Design ist edel gehalten, viele der 75 Zimmer und Suiten haben Seeblick und gleich zwei Restaurants bedienen mit feiner und zugleich abwechslungsreicher Küche. Wer nicht im See baden möchte oder zumindest nicht nur, den erwartet zudem ein großer Pool samt Wellnessbereich.

Hotel Gasthaus Hirschen
Inh. Karl Amann, Kirchgasse 3, 78343 Gaienhofen-Horn – ☎ +49 (0)7735/93380
✉ info@hotelhirschen-bodensee.de – 🏠 www.hotelhirschen-bodensee.de
📷 hirschenhorn
Öffnungszeiten: Küche im Gasthaus Hirschen täglich 11.30 – 21.00
Preise: DZ ab 92,-

Gemeinde Gailingen am Hochrhein
GAILINGEN DE

Gailingen am Hochrhein: Als Erholungsort staatlich anerkannt, und als ebensolcher von unabhängigen Redakteuren empfohlen. Die kleine Gemeinde liegt zwischen Gottmadingen und der Schweizer Grenze, nahe bei Diessenhofen und Schaffhausen. Knapp 3.000 Einwohner leben hier und genießen eine gute Versorgung gewerblicher, kulinarischer, medizinischer und ästhetischer Natur. Die Schmieder-Kliniken und weitere Gesundheitsanbieter machen Gailingen zu einem Genesungsort, getreu dem Gemeindemotto: „natürlich. gesund. leben." Zum Rheinfall und dem malerischen Stein am Rhein ist es nicht weit, das bezaubernde Rheinufer des Ortes tut mit seiner entspannten Parkanlage sein Übriges. Eine eindrucksvolle Holzbrücke, das Wahrzeichen Gailingens, führt nach Diessenhofen hinüber. Fachwerkhäuser spiegeln sich im Wasser, denkmalgeschützte Bauwerke prägen das Ortsbild und Premium Wanderwege geben den Blick auf die landschaftliche Schokoladenseite frei. Der jüdischen Vergangenheit Gailingens kann man im jüdischen Museum, sowie auf dem jüdischen Friedhof oder dem Synagogen-Gedenkplatz nachspüren.

Tourist-Information und Bürgerservice (TIBS)
Hauptstraße 7, 78262 Gailingen am Hochrhein
+49 (0)7734/9303-42/-43 – www.gailingen.de

Jüdisches Museum
GAILINGEN 🇩🇪

Gailingen war über Jahrhunderte die Heimat einer der größten jüdischen Landgemeinden im süddeutschen Raum. Das Museum dokumentiert mit zahlreichen Exponaten die Lebenswelt der Juden in Gailingen und den weiteren jüdischen Gemeinden im Hegau, Randegg, Wangen und Worblingen.

Das Museum zeigt das Zusammenleben verschiedener Religionen in einem kleinen Ort. Es verbindet die Geschichte der Juden in Gailingen mit der Badens, Deutschlands und der nahegelegenen Schweiz. Von der Synagoge und der gelebten Religiosität, über das Alltagsleben mit Vereinen, Arbeit und Festen bis zur Verfolgung und Deportation in der NS-Zeit wird thematisch ein weiter Bogen gespannt.

Am Ort befindet sich auch ein jüdischer Friedhof.

Jüdisches Museum Gailingen

Ramsener Straße 12, 78262 Gailingen am Hochrhein – ☎ +49 (0)7734/934226
🏠 www.jm-gailingen.de – 📷 jmgailingen
Öffnungszeiten: Di. und Mi. 11–16 Uhr

Höhenfreibad Gottmadingen
GOTTMADINGEN 🇩🇪

Am Heilsberg thronend, macht das Höhenfreibad Gottmadingen seinem Namen alle Ehre. Das Multifunktionsbecken wartet mit Speed- und Breitwellenrutsche, Bodensprudler, Wasserpilz und Badeinsel auf, sowie mit einer Schwall- und Nackendusche. Für mehr Badespaß gibt es ein Sprungbecken mit einem Ein- und Dreimeter-Brett sowie einer Fünfmeter-Plattform. Der weitläufige Kinderbereich ist ein Pluspunkt für Familien, ausgestattet mit einem Erlebnisplanschbecken auf zwei Ebenen, einem großen Wasser-Matsch-Bereich und natürlich mit dem abenteuerlichen Erlebnisspielplatz samt Drachenturm und Elbenwald mit Seil- und Balanciergarten. Auch Spiel- und Liegewiesen mit schattenspendenden Bäumen sind vorhanden, sowie Beachvolleyballfelder, Streetball-Platz, Tischtennisplatten und Fußballtore. Die Schwimmbadgastronomie bietet verschiedene Stärkungen an.

Höhenfreibad Gottmadingen
Riedheimer Straße 10, 78244 Gottmadingen
www.hoehenfreibad-gottmadingen.de
Öffnungszeiten: Hauptsaison 20. Mai - 10. Sept.: Di.–Fr. 10–19 Uhr, Sa. - So. 9–19 Uhr
Preise: Erwachsene 4.60,- / Kinder unter 6 frei, Ermäßigungen siehe Webseite

Naturbad Aachtal
RIELASINGEN-WORBLINGEN 🇩🇪

Mit südländisch gestalteter Sonnenterrasse und Strohschirmen im Hawaii-Stil holt das Naturbad Aachtal Urlaubsfeeling an den Fuße des Schienerbergs, direkt beim Flusslauf der Aach im Ortsteil Worblingen. Versorgt wird es fast ausschließlich über natürliches Quellwasser. Die schön gelegene Schwimm- und Freizeitoase macht es zu einem Ausflugsziel, das sich auch für Familien sehr gut anbietet. Denn durch den Nichtschwimmer- und Kleinkinderbereich eignet sich das Bad für alle Alters- und Schwimmerstufen, vom Anfänger bis zum Bademeister. Seit 2013 gibt es einen über 370 qm großen Strandbereich. Im Schwimmbadkiosk können die Badegäste Getränke und Speisen genießen. Für längere Aufenthalte in der Gemeinde stehen neben dem Naturbad 16 Wohnmobilstellplätze mit Stromanschluss sowie Ver- und Entsorgungsstation zur Verfügung.

Naturbad Aachtal
Herdweg 20, 78239 Rielasingen-Worblingen – ☎ +49 (0)7731/24033
✉ info@rielasingen-worblingen.de – 🏠 www.rielasingen-worblingen.de
Öffnungszeiten: Mai–September in der Regel täglich von 8.30–20.30 Uhr
Preise: Erwachsene 4.10,- / Kinder 1.40,- bis 2.60,- und Ermäßigungen siehe Webseite

Freibad Hilzingen
HILZINGEN 🇩🇪

Ein schönes Freibad kommt selten alleine, und schon gar nicht in der Bodenseeregion. Auch das in Hilzingen muss sich nicht verstecken, denn es hat alles, was für wahres Badevergnügen nötig ist. Für die ganz Sportlichen steht das 50-m-Schwimmbecken mit Sprunganlage zur Verfügung. Alle, die Spiel und Spaß im Wasser haben wollen, finden im abgegrenzten Nichtschwimmerbecken eine Wasserrutsche. Die Allerkleinsten plantschen im Kinderbecken mit Wasserrutsche und haben ihre Freude mit der Wasserschlange. Auf der Liegewiese findet man unter zahlreichen Bäumen einen natürlichen Sonnenschutz und genügend Platz zum Ausruhen. Dort finden sich auch eine Basketball-Anlage, ein Beach-Volleyballfeld, Tischfußball und Tischtennis.

Freibad Hilzingen
Riedheimer Str. 13, 78247 Hilzingen – ☎+49 (0)7731/38090 – 🏠 www.hilzingen.de
Öffnungszeiten: Saison von Mai - September: Mo.–Fr. 9–20 Uhr, Mi. 7.30–20 Uhr, Wochenende u. Feiertage 8–20 Uhr, Einlass jeweils bis 19.30
Preise: Erwachsene 4.50,- / Kinder 1.50,- bis 3,- und Ermäßigungen siehe Webseite

Rabenscheune auf dem Kastanienhof

WIECHS AM RANDEN 🇩🇪

Eigentlich müsste die Rabenscheune Alpaka-Scheune heißen, denn statt schwarzem Federvieh findet man hier wollige Huftiere. Gäste lassen sich gerne von den Alpakas mit ihren großen Augen und dem weichen Fell um den Finger wickeln. Wer auf letzteres neidisch ist, kann die Feinheit traumhaft schöner Alpakawolle selbst erleben und erwerben. Die Rabenscheune bietet eine große Auswahl zeitloser, eleganter und klassischer Alpakamode an. Aufgrund der hervorragenden Eigenschaft, die Temperatur zu regulieren, ist Alpakakleidung das ganze Jahr angenehm zu tragen. Die allergikerfreundliche Naturfaser ist strapazierfähig und anschmiegsam. Zudem erhält man auf dem Hof Oberbetten aus dem Vlies der Alpakas. Auch eine kleine Kuchen – und Speisekarte wartet auf Verkostung.

Tipp: Suchen Sie die Terrasse für einen tollen Hegau- und Alpenblick auf!

Rabenscheune auf dem Kastanienhof

Hauptstraße 1, 78250 Wiechs am Randen – ☎ +49 (0)7736/9242033

✉ info@rabenscheune.de – 🏠 www.rabenscheune.de

Öffnungszeiten: Sa. 15-18.30

(momentan nur sporadisch wegen möglicher Betriebsaufgabe!)

Stadt Tengen
TENGEN DE

Einfach mal tief durchatmen, am besten im Luftkurort Tengen! Denn Tengen ist laut einem alten Sprichwort eine der schönsten Städte überhaupt: „Engen, Tengen, Blumenfeld, sind die schönsten Städt' der Welt …". Nun, die Einheimischen müssen es ja wissen. Und nicht nur sie: Das Städtchen mit seinen 8 Teilorten zählt zu den beliebtesten Zielen im Hegau und beherbergt jährlich an die 140.000 Gäste. Die Abwechslung aus Natur, Erholung, Vergnügen und Kultur ist erfrischend abwechslungsreich. Die historische Altstadt, die Mühlbachschlucht und zertifizierte Premiumwanderwege (z.B. Wannenbergtour) ermöglichen einen erlebnisreichen Aufenthalt, ebenso wie der Stadtteil Blumenfeld, wo das Deutschordensschloss Blumenfeld und der Blumfelder Wasserfall, der unter der Brücke in die Altstadt herabrauscht, beherbergt sind. Sehenswert ist außerdem der Römische Gutshof in Büßlingen. Stadt-, Wander-, Kräuter- und E-Bike-Führungen zeigen die vielen Facetten der Stadt und machen sie auf eine neue Weise erlebbar. Ein besonderes Highlight ist der jährliche Schätzele-Markt, das größte Volksfest der Region und eines der wichtigsten in Südbaden.

Stadt Tengen
Marktstraße 1, 78250 Tengen – ☎ +49 (0)7736/9233-0
✉ stadt@tengen.de – 🏠 www.tengen.de – 📷 stadttengen

Stadt Donaueschingen
DONAUESCHINGEN 🇩🇪

Dort, wo die Donau ihre Reise beginnt, liegt Donaueschingen am Rande des Schwarzwaldes. Im Schlosspark befinden sich die Hauptsehenswürdigkeiten der Stadt: Hier kann man die eingefasste Donauquelle besuchen, sowie das imposante Schloss des Hauses Fürstenberg. In unmittelbarer Nähe befindet sich die Kirche St. Johann Baptist, die mit ihrem doppelten Zwiebelturm ins Auge fällt. Donaueschingens Innenstadt mit farbenfrohen Jugendstilgebäuden ist sehenswert und kann bei einer Erlebnisführung erkundet werden. Wer die Stadt und die Umgebung aktiv entdecken möchte, findet im vielfältigen Rad- und Wanderwegenetz der Quellregion die passende Route oder startet von hier aus auf den Donauradweg. Vor allem aber bietet sich ein Spaziergang zum Donauursprung an, wo Brigach und Breg zusammenfließen.

Foto: © Stadt Donaueschingen, Fotograf Tobias Raphael Ackermann

Tourist-Information Donaueschingen

Karlstraße 58, 78166 Donaueschingen – ☎ +49 (0)771/857221
✉ tourist.info@donaueschingen.de – 🏠 www.donaueschingen.de
📷 donaueschingen.de

Foto: Paul Schwer, GULFF, 2014, Außenskulptur in der Brigach
© VG BildKunst, Bonn 2023 & Museum Art.Plus

Museum Art.Plus
DONAUESCHINGEN 🇩🇪

Gegenüber der Donauquelle, gebettet in den fürstlichen Park, ist das Museum Art.Plus zu finden. Die Ausstellung wechselt im Jahresrhythmus und dreht sich um zeitgenössische Kunst aus dem internationalen Raum. Bedeutenden regionalen Künstlern wird im 2-Raum ein Auge geliehen. Zwischendurch machen die Räumlichkeiten auch mit kulturellen Veranstaltungen auf sich aufmerksam. Die Jahresausstellung zeigt noch bis zum 10. März das Tier in der modernen Kunst, unter anderem mit überraschenden Falt- oder Maltechniken. Was danach kommt, verraten wir noch nicht – Dieses Geheimnis lässt sich am besten bei einem Besuch in Donaueschingen lüften. Ein kleines Geheimnis dürfen wir allerdings ausplaudern: Aktuell ist der Eintritt frei!

Museum Art.Plus
Museumsweg 1, 78166 Donaueschingen – ☏ +49 (0)771/8966890
✉ info@museum-art-plus.com – ⌂ www.museum-art-plus.com – ⊙ museumartplus
Öffnungszeiten: Fr.-So. und feiertags 11-17 Uhr
Preise: Aktuell frei

Fasnachtsmuseum Narrenschopf

BAD DÜRRHEIM

Wer sich im Hegau und in der Nähe von Bad Dürrheim befindet, sollte die Gelegenheit beim Narrenschopfe ergreifen und das Fasnachtsmuseum besuchen. Zumindest, wer einen Faible für Masken, bunte Kostüme und alemannische Traditionen hat. Was sich da offenbart, ist ziemlich verrückt: So besteht zum Beispiel der Schneckenhüsli-Narro aus 2500 leeren Schneckenhäusern und der Wolfacher Nussschalenhansel ist behangen mit 3000 halben Walnussschalen. In kunstvoll bemalten Gewändern stehen die Weißnarren neben plumpen Strohfiguren und Tierkostümen, während die Hexen vorsichtshalber in einem separaten Bereich untergebracht sind. Für moderne Interaktivität gibt es das Narrentreffen im ganzjährigen 3D-Kino zu sehen, im Narretarium bekommt man einen Rundum-Blick wie im Planetarium und einzelne Fasnachtsbräuche kann man mit Virtual-Reality-Brille erleben. Der Narrenspiegel hält Sie zuletzt selbst zum Narren, indem er Ihr eigenes Spiegelbild maskiert.

Fasnachtsmuseum Narrenschopf

Luisenstr. 41, 78073 Bad Dürrheim – +49 (0)7726/6492

info@narrenschopf.de – www.narrenschopf.de

fasnachtsmuseum_narrenschopf

Öffnungszeiten: Di.–Sa.: 14–17 Uhr, So. und feiertags: 11–17 Uhr

Preise: Erwachsene 9.50,- / Kinder ab 2.50,- und Ermäßigungen siehe Webseite

Solemar
BAD DÜRRHEIM 🇩🇪

Bad Dürrheim ist das höchstgelegene Solebad Europas. Das stolze Prädikat des Ortes steht für einen besonderen, gesundheitsfördernden Natriumgehalt im Wasser, der sich positiv auf die Haut und das Herz-Kreislauf-System auswirkt. Im Solemar von Bad Dürrheim können Sie genussvoll in diesem Heilmittel baden und gleichzeitig Ihrem Körper etwas Gutes tun! Wie groß der Effekt tatsächlich ist, wissen wir nicht, aber dem Herzen hilft das Bad auf jeden Fall. Die große Therme mit ihren wunderbaren Kuppeldächern gleicht einem Wellness-Palast aus dem Elfenreich oder der griechischen Mythologie – jedoch ohne Widerspruch zu den Saunen im Schwarzwald-Stil. Verschiedene Massage-Anwendungen und die Salzgrotte machen die Entspannung komplett.

Wellness- und Gesundheitszentrum Solemar

Hubertstraße 8, 78073 Bad Dürrheim – ☎ +49 (0)7726/666324
✉ info@solemar.de – 🏠 www.solemar.de – 📷 solemar_badduerrheim
Öffnungszeiten: Mo. – Do., Sa., So. und feiertags 9-22 Uhr, Fr. 9-23 Uhr
Preise: je nach Umfang

Stadt Engen

ENGEN DE

Engens historische Altstadt ist eines der besterhaltenen mittelalterlichen Stadtensembles Süddeutschlands und erstrahlt durch ihre feinfühlige Sanierung in den 70er Jahren heute in neuem beziehungsweise altem Glanz. Die gesamte Altstadt steht unter Denkmalschutz und empfängt Reisende aus nah und fern, die in die mittelalterliche Idylle eintauchen wollen. In den buckligen Gassen mit ihren schiefen Häusern und gemütlichen Plätzen wird man der Gegenwart entrückt. Doch sind nicht nur der Marktplatz oder die mittelalterlichen Häuserzeilen sehenswert – auch das Städtische Museum Engen + Galerie, die Stadtkirche oder die modernen Brunnenskulpturen sind einen Blick wert. Wer die Stadt und ihre Geschichte genauer kennenlernen will, kann sich den Stadt- und Erlebnisführungen anschließen. Zu Publikumsmagneten etabliert haben sich der Engener Ostermarkt, der Weihnachtsmarkt und das Engener Altstadtfest im Juli, bei dem sprichwörtlich alljährlich „die Gass' wackelt".

Tourist-Info Engen

Marktplatz 4, 78234 Engen – +49 (0)7733/502-0
rathaus@engen.de – www.engen.de – stadtengen

WESTLICHER BODENSEE · ENTDECKUNGEN · CITY VISITS

Foto: © Stadt Singen, Büro Klare

Stadt Singen am Hohentwiel
SINGEN DE

Singen, die Industriestadt. Singen, die verschmähte Prinzessin. Doch deswegen bricht ihr noch lange kein Zacken aus der eindrucksvollen Krone: Stolz thront der Hohentwiel über der Stadt, und auf ihm eine der größten und besterhaltenen Festungsruinen Deutschlands. Wenn das nicht märchenhaft ist! Abgesehen davon ist Singen als Wirtschaftsstandort bekannt. Magci, Georg Fischer, Takeda und Constellium sind hierbei nur ein paar Namen ansässiger Großunternehmen. Eine gute Wahl, denn Singen hat viel zu bieten! Das Kunstmuseum zeigt immer wieder neue Ausstellungen, in der Stadthalle gibt es verschiedenste Events und das Kulttheater „Die Färbe" lockt mit Aufführungen und Lesungen. Daneben gibt es zahlreiche Shopping- und Freizeitangebote. Zu Recht kann sich Singen langsam als Kulturstadt bezeichnen und gerät auch touristisch zunehmend in den Fokus. Kein Wunder, denn die Hegauvulkanlandschaft zieht Entdecker an - und nicht zuletzt der See, den man in wenigen Minuten erreichen kann. Wahre Schönheit kommt eben von innen!

Tourist Information Singen

Marktpassage, August-Ruf-Str. 13, 78224 Singen – ✆ +49 (0)7731/85262
✉ tourist-info.stadt@singen.de – ⌂ www.tourismus.in-singen.de – ⌾ stadt.singen

Festungsruine Hohentwiel

SINGEN DE

Es ist fast schon klischeehaft: Ein steiler, rundlich gebuckelter Berg, und als Sahnehäubchen eine gewaltige Burg obendrauf – mit ein paar Rittern könnte man es für eine Kinderzeichnung halten. Doch was sich beim Hohentwiel vor einem auftut, ist absolut real und hat dem Zahn der Zeit beeindruckend gut getrotzt. Neun Hektar groß ist die robuste Anlage, und damit eine der landesweit größten ihrer Art. Die Ruinen lassen die imposante Geschichte erahnen: Tapfer hielt das Bollwerk den zahlreichen Belagerungen im Dreißigjährigen Krieg und noch im 17. Jhd. stand, bis schließlich erst Napoleon der vermeintliche Triumph gelang. Für Kinder sind die geheimnisvollen Mauern, Schlupfwinkel und Treppen ein Paradies und lassen von Geheimgängen bis hin zu Drachen alles möglich erscheinen.

Der Hohentwiel selbst, ein ehemaliger Vulkan, steht unter Naturschutz. Wer den Berg erklommen hat, wird mit einem eindrucksvollen Ausblick über den Hegau bis hin zum Bodensee und den Alpen belohnt.

Staatliche Schlösser und Gärten Baden-Württemberg
Festungsruine Hohentwiel, 78224 Singen – ☎ +49 (0)7731/69178
✉ info@festungsruine-hohentwiel.de – 🏠 www.festungsruine-hohentwiel.de
Öffnungszeiten: 01.04.–15.10.: tägl. 9–17 Uhr / 16.10.–31.3.: Di–So 10–14.30 Uhr
Preise: Erwachsene 5,- und Ermäßigungen siehe Webseite

Hohentwiel Festival
SINGEN

Fest und Festung gehen in Singen Hand in Hand. Alle Jahre wieder gibt es mit dem Hohentwiel Festival und Burgfest ein legendäres, große Menschenmengen anziehendes Hegau-Event in Bergeshöhen.

Das Ambiente der Festungsruine ist einzigartig und verleiht dem großen Open-Air-Konzert einen mystischen Beiklang. Wenn das Urlaubstiming es zulässt, können Sie hier ein Sommernachtsmärchen unter fröhlichen Menschen und inmitten stimmungsvoller Beleuchtung erleben. Die sorgsam ausgewählten Interpreten schaffen es jedes Jahr, das Publikum mitzureißen und verschiedenste Geschmäcker zu bedienen. Hervorragend für Familien ist das dazugehörige Burgfest mit Kleinkunst, Kulinarik und Kinderprogramm.

Betreiber: Kokon Entertainment GmbH

Bücklestr. 3-5, 78467 Konstanz – +49 (0)7531/5847880

info@kokon-entertainment.de – www.hohentwielfestival.de

hohentwielfestival

Öffnungszeiten: Nächster Termin: 21.-27. Juli 2024

WESTLICHER BODENSEE   ERLEBNISSE   SHOPPING

Cano
SINGEN

Das Einkaufszentrum Cano gibt es erst seit 2020, als es am Jahresende seine Pforten öffnete – nach vergeblichem Widerstand des Konstanzer Lagos, mit dem es sich mittlerweile auf eine friedliche Koexistenz geeinigt hat. Inzwischen ist das Cano ein begehrter Jugendtreffpunkt und ein Fixstern am Shoppinghorizont des Hegaus geworden. „Cano" heißt es übrigens in Anlehnung an den Singener Vulkan Hohentwiel. Man wird sich leicht daran erinnern, denn explosiver Einkaufsrausch bricht hier besonders gegen Wochenende aus. Beliebte Markenklassiker und Shops aus den verschiedensten Sparten haben sich einen Platz im Cano gesichert. Für jeden Geschmack gibt es auch etwas Passendes im food corner (Nichts geht über burro burro!). Und das Beste: Das Cano ist direkt am Bahnhof und bei der Fußgängerzone der Innenstadt gelegen. So kann man es bequem erreichen und seine Shoppingtour gleich bei TK Maxx und co. fortsetzen.

CANO Singen
Bahnhofstraße 29, 78224 Singen – +49 (0)7731/7940930
info@cano-singen.de – www.cano-singen.de – canosingen
Öffnungszeiten: Mo.-Sa. 9.30-20 Uhr

Kunstmuseum
SINGEN 🇩🇪

Das Kunstmuseum Singen präsentiert jährlich vier bis fünf Sonderausstellungen national wie international renommierter KünstlerInnen, die eng mit der Bodenseeregion verbunden sind. Zentraler Kern der Singener Sammlung und Alleinstellungsmerkmal des Hauses sind die Werke der „Höri-Künstler", derjenigen Künstler, die, nachdem sie ab 1933 als „entartet" gebrandmarkt wurden, auf der Bodenseehalbinsel Höri Zuflucht fanden. Mit Werken von Otto Dix, Erich Heckel, Max Ackermann, Helmuth Macke, Curth Georg Becker u.v.a. verfügt das Museum über den umfassendsten Bestand der Höri-Künstler überhaupt. Das Haus besitzt zudem eine Sammlung zeitgenössischer Kunst, die um die „Kunst der Moderne nach ,45 aus dem deutschen Südwesten" ergänzt wird.

Tipp: Über seine Ausstellungen hinaus bietet das Kunstmuseum Singen die Gelegenheit, das einzig erhaltene Wandbild »Krieg und Frieden« (1960) von Otto Dix im Rathaus zu besichtigen.

Kunstmuseum Singen
Ekkehardstr. 10, 78224 Singen – ☏ +49 (0)7731/85271
✉ kunstmuseum@singen.de – 🏠 www.kunstmuseum-singen.de
📷 kunstmuseumsingen
Öffnungszeiten: Di–Fr: 14–18 Uhr / Sa+So: 11–17 Uhr, Details siehe Webseite
Preise: Erwachsene 5,- / Kinder 3,- und bis 7 frei, Ermäßigungen siehe Webseite

MAC Museum Art & Cars
SINGEN 🇩🇪

Er mag Kunst, sie liebt Autos – oder umgekehrt? Oder können Sie sich vielleicht gar nicht erst zwischen Kunst und Autos entscheiden? Kein Problem, denn im abgefahrenen MAC Museum in Singen bleibt keines von beidem auf der Strecke. Auf rund 4.000 m² Ausstellungsfläche werden kostbare Automobile im Dialog mit hochkarätiger Kunst, Video und Lichtkunst, sowie Fotografien in Wechselausstellungen präsentiert und damit in ein ungewöhnliches Ensemble gebracht. Schon allein die Architektur der beiden Museen – das geschwungene MAC 1 und das kantige MAC 2 – ist außergewöhnlich. Dem Architekten war daran gelegen, eine Verbindung mit dem im Hintergrund aufragenden Berg Hohentwiel herzustellen.

MAC Museum Art & Cars

Parkstraße 1, 78244 Singen – 📞 +49 (0)7731/9265374

🏠 www.museum-art-cars.com – 📷 mac.museum.art.cars

Öffnungszeiten: Mi-Sa: 14–18 Uhr, So. und feiertags: 11–18 Uhr, Einlass bis 17 Uhr

Preise: Mac 1 + MAC: Erwachsene 22,- / Kinder bis 15 frei, Details siehe Webseite

Hegau Museum
SINGEN 🇩🇪

Wenn Sie Lust haben, nicht nur den Hegau, sondern auch seine Vergangenheit zu bereisen, führt der beste Weg ins Hegau-Museum. In den Räumen des Singener Schlosses birgt es unterschiedlichste Zeugnisse der Vergangenheit. Die archäologische Sammlung zeigt das Leben der Menschen von der Steinzeit bis ins frühe Mittelalter. Lebensgroße Modelle erlauben einen Blick in die Welt vor mehreren tausend Jahren. Zahlreiche Mitmach-Stationen bieten die Gelegenheit, Feuersteinmesser aus- zuprobieren, Keramikgefäße aus Scherben zu puzzeln oder in die Kleidung verschiedener Epochen zu schlüpfen, was eine besonders schöne Erfahrung gerade für kleine Steinzeitentdecker ist. Eine gemütliche Leseecke lädt zum Schmökern ein.

Archäologisches Hegau-Museum
Am Schlossgarten 2, 78224 Singen – ☎ +49 (0)7731/85268
✉ hegau-museum@singen.de – 🏠 www.hegau-museum.de
Öffnungszeiten: Di.–Sa. 14–18, So. und feiertags 14–17 Uhr
Preise: Eintritt frei

WESTLICHER BODENSEE ERLEBNISSE KUNST & KULTUR

Stadthalle
SINGEN 🇩🇪

Die Stadthalle Singen ist am Stadtpark zu Füßen des Hohentwiels zu finden und bietet Raum und Rahmen für Theater, Klassik-, Pop-, Rock- und Jazz-Konzerte, sowie Ballett, Oper, Musical und Shows, Kabarett, Lesungen, Vorträge, Kongresse, Tagungen, Seminare, Messen und Feiern. Bis zu 290 Veranstaltungen jährlich finden in der Stadthalle Singen statt. Fast die Hälfte davon sind jeweils öffentliche Events. Betreiber der Stadthalle ist der städtische Eigenbetrieb Kultur und Tourismus Singen. Gemeinsam mit den Partnern, der Volksbühne Singen und der Jugendmusikschule, wird in jeder Spielzeit ein Abonnement-Angebot von 31 Theater- und Konzertaufführungen präsentiert. Die Webseite hält über das vielfältige Programm auf dem Laufenden, sodass Sie flexibel nachschauen können, ob während ihres Bodenseeurlaubs etwas gespielt wird, das Sie neugierig macht.

Stadthalle Singen

Hohgarten 4, 78224 Singen – ☎ +49 (0)7731/85-504
✉ ticketing.stadthalle@singen.de – 🏠 www.stadthalle-singen.de
📷 stadthalle_singen

Aachbad
SINGEN 🇩🇪

Das Aachbad liegt auf einer grünen Insel mit Blick auf den Hohentwiel. Das 50-m-Schwimmerbecken und ein Nichtschwimmerbecken mit Strömungskanal sind perfekt für sportliches Schwimmen und Baden. Zusätzlich steigern die 96 m lange Wasserrutsche und die Sprunganlage mit 5-m-Plattform, zwei 3-m-Brettern und zwei 1-m-Brettern den Spaßfaktor. Auf dem Gelände gibt es einen Beachsoccer-Platz und die Kleinsten können sich auf dem Kinderspielplatz und der Abenteuerwasserlandschaft mit Kinderrutschbahn austoben.

Aachbad Singen

Schaffhauser Str. 34, 78224 Singen – ☏+49 (0)7731/907888 – 🏠 www.singen.de
Öffnungszeiten: Mitte Mai bis Anfang Sept. tägl. 9–20 Uhr, zusätzlich von Mitte Juni bis Mitte August Sa. und So. ab 8 Uhr, letzter Einlass 45 Min vor Schließzeit
Preise: Erwachsene 3.90,- / Kinder 1.30,- und Ermäßigungen siehe Webseite

Hotel Restaurant Hohentwiel

SINGEN 🇩🇪

Das Hotel Restaurant Hohentwiel befindet sich auf halber Anhöhe zur Festungsruine und lässt einen wunderbaren Hegau-und-Bodensee-Weitblick zu. Im Restaurant kommt gutbürgerliche, regionale und saisonale Küche auf den Tisch. Auf der überdachten und mediterran gestalteten Terrasse befinden sich 100 Plätze. Außerdem kann man im Biergarten unter Kastanien deftige Speisen und Vesper genießen. Ausgeschenkt werden Hohentwieler Weine von Deutschlands höchster Reblage. Der Hotelbereich bietet 13 Doppelzimmer und 2 Appartements. Der Clue daran: Hier finden Sie ein Dach über den Dächern von Singen!

Hotel Restaurant Hohentwiel

Dirk Schröder, Hohentwiel 1, 78224 Singen – ☎ +49 (0)7731/99070

✉ info@hotel-hohentwiel.de – 🏠 www.hotel-hohentwiel.de

Öffnungszeiten: Warme Küche: Mo.-Fr. 11.30-14.30 und 17-21 Uhr, Sa. 11.30-21.30, So. und feiertags 11.30-20.30 Uhr

Preise: DZ ab 115,–

Fahrdynamisches Zentrum Bodensee

STEISSLINGEN DE

Die Erholung am See hat Ihre Energie wieder aufgeladen, und nun ist Need for Speed angesagt? Kein Problem, dann schnallen Sie sich gut an! Denn das Fahrdynamikzentrum in Steißlingen ist multifunktional nutzbar. Eines der vier Trainings-Module mit höchsten Sicherheitsstandards ist ein anspruchsvoller Handling-Parcours, der auch mit Go-Karts befahren werden kann. Mit einer Länge von 700 Metern, einem speziellen Gripbelag und 14 Kurven bietet die ADAC Kartbahn Steißlingen ein rasantes Fahrerlebnis für Erwachsene sowie Kinder ab 12 Jahren und 1,40m Größe. Gefahren wird mit leistungsstarken Karts, die vor Ort mit Helm ausgeliehen werden können. Nach einer Einweisung durch das geschulte Team können Einzelpersonen und Gruppen Gas geben und echtes Rennfeeling erleben.

Fahrdynamisches Zentrum Bodensee
Mühleweg 7, 78256 Steißlingen – +49 (0)7738/9373100 – +49 (0)151/44034228
info@adac-kartbahn-steißlingen.de – www.adac-kartbahn-steißlingen.de
fahrenerleben
Öffnungszeiten: Mi.-So. 15-21 Uhr
Preise: Je nach Umfang, siehe Webseite

Bodensee Bonbon Manufaktur
EIGELTINGEN 🇩🇪

In Eigeltingen können Sie sich Ihren Bodenseeurlaub versüßen: In der Schaumanufaktur von Bodensee Bonbon wird Interessierten gezeigt, wie Bonbons, Zuckerstangen und Lutscher in reiner Handarbeit hergestellt werden. Das Probieren des warmen Bonbonteigs ist ein besonderer Genuss, den man nicht alle Tage bekommt. Die Bonbonsorten wechseln je nach Saison. Es sind meist um die 50 Geschmacksrichtungen, die es natürlich auch zu kaufen gibt.

Auf Anfrage und Anmeldung kann man die Schauproduktion besuchen, die so transparent wie ein Bonbon-Glas ist und alle Einzelschritte der Herstellung sichtbar macht. Zudem besteht die Möglichkeit, einen Lutscher selbst zu gestalten. Was könnte sich als Urlaubsmitbringsel besser eignen?

Bodensee Bonbon Manufaktur

Hermann-Laur Str.10, 78253 Eigeltingen – ☏ +49 (0)7774/202

✉ info@bodensee-bonbon.de – 🏠 www.bodensee-bonbon.de

Öffnungszeiten: Werksverkauf Eigeltingen: Herbst/Winter: Do. 10-14 Uhr, Fr. 14-16 Uhr, saisonale Änderungen und Termine für die gläserne Schau-Produktion siehe Webseite

WESTLICHER BODENSEE · ENTDECKUNGEN · CITY VISITS

Stadt Stockach
STOCKACH DE

Stockach wirbt als „Tor zum Bodensee" für sich – und tatsächlich ist die Stadt eine willkommene Lösung, wenn Konstanz einem zu überlaufen, zu teuer oder zu ausgebucht ist. Mit traumhafter Natur, einer perfekten „Zwischenlage" zwischen den Seeseiten sowie der Nähe zum Hegau und zur schwäbischen Alb, ist Stockach ein guter Ausgangspunkt für den Urlaub, und dabei gar nicht weit entfernt vom See. Wahrzeichen der Stadt ist die Pfarrkirche St. Oswald mit ihrem markanten Zwiebelturm. Ein romantischer Garten im Herzen der Stadt dient als Ruheoase und lässt den Alltagsstress einen Moment in Vergessenheit geraten. Eingebettet in schattige Wälder finden sich in der Umgebung viele abwechslungsreiche Wanderwege. Kultureller Höhepunkt im Stadtgeschehen ist der alljährlich im Juni stattfindende „Schweizer Feiertag", ein Fest zur Erinnerung an die glückliche Errettung der Stadt im sogenannten „Schweizerkrieg" 1499. Stockach ist aber auch eine Hochburg der schwäbisch-alemannischen Fasnacht, wenn hier das bundesweit bekannte „Stockacher Narrengericht" stattfindet.

Tourist Information Stockach
Salmannsweilerstraße 1, 78333 Stockach – ☏ +49 (0)7771/802300
✉ tourist-info.stadt@stockach.de – ⌂ www.stockach.de
© stockach_dastorzumbodensee

Straußenfarm Hegau-Bodensee
STOCKACH DE

Strauße sind charakteristisch für die Fauna am Bodensee, weil... nein, dazu fällt uns auch nichts mehr ein. Aber die gefiederten Exoten sind allemal ein Erlebnis, und zwar eines, an dem man in Stockach teilhaben kann. Hier leben etwa 150 Exemplare (Küken und ausgewachsene) des größten Laufvogels der Welt, die man auch im Rahmen einer offenen Führung oder eines Gruppenausflugs besichtigen und dabei viel Span- nendes über die Farm, die Zucht, das Brüten und vieles mehr erfahren kann. Im Hofladen kann man neben dekorativen und hübschen Dingen (die natürlich alle etwas mit dem Strauß zu tun haben), Straußeneiern und Straußeneiprodukten auch diverse Fleisch- und Wurstprodukte erwerben.

Straussenfarm Hegau-Bodensee
Airach 3, 78333 Stockach – ☎+49 (0)7771/9187044 – ☎+49 (0)1577/6050387
✉ info@straussenfarm-hegau-bodensee.de
⌂ www.straussenfarm-hegau-bodensee.de
Öffnungszeiten: Die Tiere sind ganzjährig kostenlos zu besuchen
Hofladen: Do. 15-18 Uhr, Sa. 10-13 Uhr

Stadtmuseum
STOCKACH 🇩🇪

Stockach ist eine lebendige Stadt, doch sollte sie einmal wie ausgestorben wirken, erweckt sie das kleine Stadtmuseum in der historischen Oberstadt zum Leben. Im „Alten Forstamt" aus dem Baujahr 1706 wird man von bunter Geschichte und Kunst umhüllt. In der stadtgeschichtlichen Dauerausstellung gibt es Eigenheiten wie Stockachs erstes Fahrrad oder eine Tasse für Bartträger zu sehen. Die besonderen Schätze des Museums, die Zizenhausener Terrakotten, unterhalten mit bissigen Karikaturen und verspielten Alltagsszenen. Schnell verliert man sich in den vielfältigen Themen der farbenfrohen Tonfiguren. Natürlich hat unter den historischen Dachbalken des Museums längst die Moderne Einzug gehalten: An Multimediastationen werden die Verhandlungen des bekannten Stockacher Narrengerichts in Videos lebendig. 2016 überließ der Stockacher Ehrenbürger Heinrich Wagner dem Museum 329 Kunstwerke als Dauerleihgabe. Seitdem sind weltbekannte Künstler der klassischen Moderne wie Joan Miró, Marc Chagall und Otto Dix hier zuhause, die im Wechsel gezeigt werden.

Stadtmuseum Stockach – Kulturzentrum „Altes Forstamt"
Salmannsweilerstraße 1, 78333 Stockach – ☎ +49 (0)7771/802300
✉ stadtmuseum@stockach.de – 🏠 www.stockach.de/stadtmuseum
📷 stadtmuseumstockach
Öffnungszeiten: Di.–Fr. 10–17, Sa. 10–13 , So. und feiertags 13–17 Uhr
Preise: Erwachsene 5,- / Kinder bis 18 frei, Ermäßigungen siehe Webseite

Freibad Stockach
STOCKACH 🇩🇪

Stockach ist nahe am Wasser gebaut, und doch ist die Seenähe kein Grund, auf ein Freibad zu verzichten. Ausgiebig schwimmen und trainieren kann man im 50 Meter langen Schwimmerbecken. Köpfer und Saltos übt man am besten auf der 1-, 3- und 5-Meter-Sprunganlage mit eigenem Beckenbereich. Ein großes Nichtschwimmerbecken mit zwei Wasserrutschen darf auch nicht fehlen, und auf den großen Liegewiesen hat man die Wahl zwischen sonnigen Plätzen und schattenspendenden Bäumen. Beim Beachvolleyball, Tischtennis oder Basketball kann man sich, falls das Baden die Energie noch nicht aufgebraucht hat, weiter austoben. Auch die Kleinsten sind im Babybecken mit Rutsche oder im separaten Kleinkinder-Bereich gut aufgehoben, dazu gibt es einen Spielplatz mit Piratenschiff. Seit der abgeschlossenen Sanierung im Jahr 2022 sollen die neuen technischen Anlagen für gute Wasserqualität und umweltfreundliche Wassererwärmung sorgen.

Freibad Stockach
Winterspürer Straße, 78333 Stockach – ☎ +49 (0)7771/915-580
🏠 www.stadtwerke-stockach.de
Öffnungszeiten: Mitte Mai bis Mitte Sept.: Mo., Mi., Do., Sa., So.: 10–20 Uhr Di., Fr.: 7–20 Uhr
Preise: Erwachsene 3.50,- / Kinder 2,- und Ermäßigungen siehe Webseite

Stadt Meßkirch
MESSKIRCH DE

Die oberschwäbische Kleinstadt Meßkirch liegt zwischen dem Bodensee und Donautal und gehört zum Landkreis Sigmaringen. Das Renaissance-Schloss von Meßkirch ist das augenfälligste Bauwerk der Stadt, aber auch hübsche Sakralbauten wie die Barockkirche St. Martin, einige öffentliche Brunnen, Fachwerkhäuser, ein beschaulicher Marktplatz und Überbleibsel der Stadtmauer sorgen für ein idyllisches Ortsbild. Wer gerne wandert und unberührte Natur liebt, den wird es zum nahegelegenen Naturpark Obere Donau und zu den Sauldorfer Seen ziehen, die ein Paradies für Zugvögel sind. Wenn man hier ist, kann man ebenso einen Ausflug zur Kreisstadt mit dem Schloss Sigmaringen machen oder zur majestätischen Burg Wildenstein, die über dem Donaubruch thront. Geschichtsbegeisterte und Familien dürfen in Meßkirch auf keinen Fall den Campus Galli auslassen, der sicherlich das touristische Highlight des Städtchens ist.

Tourist Information Meßkirch
Hauptstraße 25–27, 88605 Meßkirch – +49 (0)7575/2061422
tourismus@messkirch.de – www.messkirch.de – mein.messkirch

Schloss Messkirch
MESSKIRCH 🇩🇪

Quadratisch, praktisch, gut: Als Stadt-, Kultur- sowie Museumszentrum nimmt das Schloss Meßkirch aus dem 16. Jahrhundert eine besondere Stellung ein. Wundern Sie sich nicht, wenn vom „Zimmernschloss" die Rede ist. Das hat nichts mit den Räumlichkeiten, sondern mit den Erbauern des Schlosses, den Grafen von Zimmern, zu tun. Der geräumige Festsaal bietet heute Platz für Feierlichkeiten im öffentlichen und privaten Rahmen, häufig auch für Kulturevents wie Konzerte und Ausstellungen. Kunstschätze der Umgebung findet man in der Kreisgalerie ausgestellt, während der Ostflügel über den Philosophen Martin Heidegger informiert und die Remise Oldtimer zur Schau stellt (Das Kombiticket gibt es für 7,-).

Kultur- und Museumszentrum Schloss Meßkirch
Kirchstraße 7, 88605 Meßkirch – ☎ +49 (0)7575/2061422
✉ schloss@messkirch.de – 🏠 www.schloss-messkirch.de
Öffnungszeiten: Kreisgalerie + Heidegger-Museum: Fr.-So. 14 – 17 Uhr, Oldtimermuseum Sa., So. 14-17 Uhr
Preise: Erwachsene 3,- / Kinder bis 14 frei und Ermäßigungen siehe Webseite

WESTLICHER BODENSEE · ERLEBNISSE · VERRÜCKTE ATTRAKTIONEN

Campus Galli
MESSKIRCH 🇩🇪

Über Meßkirch hat sich ein Loch im Zeitkontinuum aufgetan, und seitdem drehen sich die Uhren hier rückwärts. Eigentlich klingt es nach der verrückten Idee einiger Geschichtsstudenten nach einem besonders guten Bier: Eines Tages nahm man sich vor, den nie verwirklichten St. Gallener Klosterplan, die älteste überlieferte Architekturzeichnung des Abendlandes, mit etwa 1200 Jahren Verspätung in die Tat umzusetzen. Und das alles mit den Techniken, Mitteln und sogar der Kleidung der damaligen Zeit. Gesagt, getan – in Meßkirch entstand eine Baustelle des 9. Jahrhunderts, die liebevoll Campus Galli getauft wurde. Von April bis November kann man den Handwerkern über die Schulter schauen, Spannendes lernen und Wissenschaft mit den Händen greifen. Keine Schauspielerei, keine Erklärungstafeln oder Vitrinen: Campus Galli ist lebendiger Arbeitsalltag, nur eben aus einer anderen Zeit. Betreten wird erbeten – und keine Sorge, Sie müssen den Eintritt nicht mit mittelalterlichem Münzgeld bezahlen.

Campus Galli
Hackenberg 92, 88605 Meßkirch – ☏ +49 (0)7575/2061423
✉ info@campus-galli.de – 🌐 www.campus-galli.de
Öffnungszeiten: 1. Apr. – 28. Okt.: Di.–So. 10–18 Uhr, 29. Okt. – 5. Nov.: Di.–So. 10–17 Uhr
Preise: Erwachsene 13,– / Kinder 8,– und Ermäßigungen siehe Webseite

Gemeinde Bodman-Ludwigshafen
BODMAN-LUDWIGSHAFEN DE

In einer grünen Hügellandschaft am westlichen Ende des Bodensees, liegen sich die beiden Orte direkt gegenüber und werden nur durch ein Naturschutzgebiet getrennt, welches mit seiner Vielfalt an Pflanzen und Tieren ein kleiner Geheimtipp am Bodensee ist. Wanderwege, Radstrecken, Wassersportangebote so- wie Strand- und Grillfeste bieten den Gästen ein angenehmes Unterhaltungsangebot. Durch das gemeindeeigene Schiff und die Gästekarten mit kostenloser ÖPNV-Nutzung, ist Bodman- Ludwigshafen auch geeignet, um die Bodenseeregion von hier aus weiter zu erkunden. Für kleine Kinder sind die großen, außergewöhnlichen Pfahlbauspielplätze in den Uferanlagen besonders schön. Die kleinen, versteckten Gemeinden am Bodensee sind eben immer wieder einen Abstecher wert!

Tourist-Information Bodman-Ludwigshafen

Hafenstraße 5, 78351 Bodman-Ludwigshafen – ☏+49 (0)7773/930040
✉ info@bodman-ludwigshafen.de – ⌂ www.bodenseepur.de
⌾ bodmanludwigshafen

Gemeinde Sipplingen
SIPPLINGEN 🇩🇪

Sipplingen ist eine kleine, zu Herzen gehende Gemeinde, die mit einem schönen Hafen, einem Steilufer und direkter Seelage auftrumpft. Besonders, wenn die Sonne das Wasser funkeln lässt und trotzdem nicht zu viele Touristen unterwegs sind, kann Sipplingen einen schnell, aber nachhaltig verzaubern. Denn was Sipplingen an Größe fehlt, macht die Gemeinde durch Schönheit wett. Für Wanderwege und tolle Aussichten ist dieses Fleckchen Erde mit seiner Hanglage und Naturbelassenheit gerade richtig. Ebenso sind die Badestellen und das Angebot für Wassersport paradiesisch. Da der Bodensee nirgendwo blauer und die Welt nirgendwo mehr in Ordnung ist, wird zudem das Trinkwasser der Bodensee-wasserversorgung in Sipplingen entnommen.

Gemeinde Sipplingen, Tourismus und Kultur
Seestraße 3, 78354 Sipplingen – ☏ +49 (0)7551 9499370
✉ touristinfo@sipplingen.de – 🏠 www.sipplingen.de

Bodensee Skipper
SIPPLINGEN 🇩🇪

Verabschieden Sie sich von der Hektik des Alltags und gleiten Sie mit der sanften Eleganz eines Segelboots über die stillen Gewässer des Bodensees. Mit den Touren von Bodensee-Skipper öffnet sich Ihnen eine Welt unvergleichlicher Erlebnisse auf dem Bodensee, von friedlichen Tagestörns bis hin zur romantischen Abendfahrt bei Sonnenuntergang oder Übernachtungen auf dem Wasser. Sie können entweder eine 2,5-Stunden- oder eine 4-Stunden-Tour buchen, die von einer professionellen Skipperin bzw. einem professionellen Skipper geleitet wird. Natürlich dürfen Sie auch selbst mal Hand ans Ruder legen, oder Sie lehnen sich einfach zurück und genießen. Eine Badepause ist auf Wunsch ebenfalls möglich. Besonders cool: Bei diesen Abenteuern mit dem Segelboot sind Erfrischungsgetränke wie Wasser und Apfelschorle aber auch alkoholische Köstlichkeiten wie Bier und Aperol inklusive. Bei Interesse können Sie für 15 Euro noch eine Lunchbox dazubestellen und das Picknick auf dem Bodensee vervollständigen.
Tipp: Buchen Sie 2x einen 2,5 Segeltörn und bekommen 45 Minuten geschenkt - So wird Ihr Segelausflug zu einem Tagestörn!

Bodensee Skipper

Im Leimacker 12, 78354 Sipplingen – ☎ +49 (0)178/8288159
✉ info@bodenseeskipper.de – 🏠 www.bodenseeskipper.de

Stadt Überlingen
ÜBERLINGEN DE

„Wer machen well den peutel ring, [...] der frag den Weg gen Überling", spottete schon der Minnesänger Oswald von Wolkenstein über die teuren Preise in Überlingen. Und wir geben zu, noch heute sind die Kosten am Bodensee nicht gering. Aber Überlingen (nicht zu verwechseln mit dem winzigen Örtchen Überlingen am Ried) lohnt sich allemal! Es ist vielleicht der erholsamste Rückzugsort am See. Das wird vor allem durch die beeindruckende Klinikenlandschaft deutlich, die überregional großes Renommee genießt. Ob die Buchinger Klinik für Heilfasten oder die Kurpark-Klinik für ernährungsabhängige Krankheiten, erstklassige Versorgung ist gewährleistet. Neben gesundheitlicher Erholung bietet Überlingen auch viel für den Genuss. Die hübsche Uferpromenade lädt zu einer kleinen Auszeit in einem der zahlreichen Restaurants und Cafés ein. Vielleicht bekommt man ein delikates Fellchen-Filet oder einen Hecht! Und nicht zu vergessen der Stadtgarten, der durch Pflanzenvielfalt, Märchenhäuschen und Ruheecken imponiert.

Tipp: Werfen Sie gerne einen Blick in die größte gotische Kirche am Bodensee, das Münster St. Nikolaus!

Tourist-Information Überlingen

Landungsplatz 3-5, 88662 Überlingen – +49 (0)7551/9471522

info@ueberlingen-bodensee.de – www.ueberlingen-bodensee.de

ueberlingenambodensee

Andreashof
ÜBERLINGEN 🇩🇪

Wir haben es herausgefunden: das Märchen vom Geheimen Garten ist wahr. Nur befindet sich dieser nicht in England, sondern in Überlingen. Hier liegt es, das versteckte Gartenparadies voller Kräuter, Bäume, Sträucher und Rosen. Und auch die geheimnisvolle Heilwirkung aus dem Märchen bleibt nicht aus, denn hier wächst die sogenannte „Lichtwurzel" Shan Yao aus der chinesischen Medizin. Mit dem Zusatz von Lichtyam stellt der Andreashof Naturkosmetik her, die neben hochwertigen Bio-Lebensmitteln im Hofladen erworben werden kann. Wen beim Besuch der Hunger packt, der kann im Hofcafé Kuchen und kleine Speisen zu sich nehmen, die natürlich ebenfalls in Bioqualität aufgetischt werden. Denn gegen einen knurrenden Magen ist schließlich noch kein Kraut gewachsen.

Tipp: Falls Sie eine gute Note in Kräuterkunde anstreben oder einfach nur neugierig sind: Auf dem Andreashof können Sie Ihren Horizont erweitern und z.B. von Sommer bis Herbst eine Kräuterführung erleben.

Andreashof Jeridin GmbH
Kirchgasse 35, 88662 Überlingen – ☎ +49 (0)7551/94747-0
✉ info@andreashof-bodensee.de – 🏠 www.lichtyam.de
Öffnungszeiten: Hofladen-Café: Do.–Mo. 11–17Uhr

Städtisches Museum Überlingen
ÜBERLINGEN 🇩🇪

Das Städtische Museum Überlingen umfasst Jahrtausende der Kunst- und Kulturgeschichte und zählt zu den größten seiner Rubrik am Bodensee. 1913 zog die Sammlung in ein spätgotisches Patrizierhaus um, das schon rein optisch Eindruck schindet. Wie ein Märchenschloss thront es auf dem höchsten Hügel der Überlinger Altstadt, sodass der Panoramagarten einen weiten Blick über den Bodensee und die mittelalterliche Stadt zulässt. Das Museum bietet Stoff für verschiedenste Interessen, ob mit Regionalgeschichte, Waffen- oder Wunderkammer. Willkommen im Kuriositätenkabinett! Im Saal finden außerdem regelmäßig Kulturveranstaltungen statt. Die angedeutete Wohnatmosphäre vermittelt fast das Gefühl, dass die ehemaligen Bewohner das Haus nie verlassen hätten. Da bekommt man glatt Lust, selbst einzuziehen! Je nach Körpergröße vielleicht sogar in eine der ausgestellten Puppenstuben, die sich hier zur größten Sammlung Deutschlands zusammenfinden.

Städtisches Museum Überlingen
Krummebergstraße 30, 88662 Überlingen – ☎+49 (0)7551/991079
🏠 www.museum-ueberlingen.de
Öffnungszeiten: Di.–Sa.: 9–12:30 Uhr und 14–17 Uhr, So und feiertags.: 10–15 Uhr
Preise: Erwachsene 5,- / Kinder bis 6 frei und Ermäßigungen siehe Webseite

WESTLICHER BODENSEE · ERLEBNISSE · WASSERSPASS, WELLNESS, SAUNA

Bodensee-Therme
ÜBERLINGEN 🇩🇪

Wenn man nicht in der klassischen Urlaubssaison am Bodensee ist, sondern ausgerechnet im Herbst oder Winter, muss man sich keinerlei Sorgen machen, deshalb weniger erleben zu können oder etwas falsch gemacht zu haben. Gerade in der Kälte entfalten die Bodensee-Thermen ihre ganze Zauberkraft. Ebenso wie in Konstanz hat man auch in der Bodensee-Therme Überlingen beim Schwimmen einen wunderbaren Blick auf den See. Gebettet in warmes Wasser und Lichterglanz, werden hier alle Anspannungen, die man unnötig in den Urlaub mitgebracht hat, einfach weggespült. Wer es noch wärmer braucht und einmal durchgegart werden möchte, kann die Seesauna, Bootshaussauna oder Panoramasauna genießen und dabei schon bald vergessen, wie man das Wort Kälte überhaupt buchstabiert. Erfrischung erlangt man anschließend direkt im See und im Saunagarten am Ufer. Im Thermal- und Erlebnisbereich befinden sich unterhaltsame Wasserattraktionen, zusammen mit Sportbecken, Reifenrutsche und Eltern-Kind-Bereich. Von Montag bis Donnerstag ist der Eintritt reduziert.

Bodensee-Therme Überlingen

Bahnhofstr. 27, 88662 Überlingen – 📞+49 (0)7551/301990

🏠 www.bodensee-therme.de – 📷 bodensee.therme

Öffnungszeiten: Täglich 10–22 Uhr

Preise: Je nach Umfang, siehe Webseite

Foto: © Achim Mende

Wallfahrtskirche Birnau
UHLDINGEN-MÜHLHOFEN DE

Eine Barockkirche im rosafarbenen Gewandt, auf einem Hügelvorsprung am Ufer des Überlinger Sees und über den Weinbergen thronend, herausstechend durch die weithin unbebaute Umgebung und den markanten Glockenturm – na, wie hört sich das an? Die Basilika Birnau zwischen Uhldingen-Mühlhofen und Meersburg gehört nicht ohne Grund zu den populärsten Zielen am Bodensee. Mit ihrer prächtigen Architektur ist sie ein Ort von großer Schönheit und spiritueller Bedeutung. Ein Extrabonus ist die fabelhafte Aussicht vom vorgelagerten Platz, die gerade bei Sonnenuntergang konkurrenzlos ist. Im Übrigen musste der Bau der Wallfahrtskirche bei „Nacht und Nebel" genehmigt werden, da man hierfür ein Gnadenbild verlegen musste und Widerstand in der Bevölkerung zu erwarten war. Heimlichkeiten sind wohl nicht immer Schlechtigkeiten!

Zisterzienser Priorat Birnau

Birnau-Maurach 5, 88690 Uhldingen-Mühlhofen – +49 (0)7556/92030

info@birnau.de – www.birnau.de

Gemeinde Salem
SALEM 🇩🇪

Salem ist eine kleine, aber feine Gemeinde am Bodensee. Sie liegt nahe bei Meersburg und Überlingen und profitiert von ihrer See- und Alpennähe. Der staatlich anerkannte Erholungsort hat ungefähr 11.500 Einwohner. Dass die Gemeinde dennoch so bekannt und beliebt ist, liegt vor allem an zwei Dingen: Dem Schloss und dem Affenberg. Beide sind zu einer Art Wahrzeichen von Salem geworden. Daneben sind das örtliche Feuerwehrmuseum sowie das Feuchtmayermuseum im Ortsteil Mimmenhausen beachtenswert. Es handelt sich bei letzterem um das ehemalige Wohnhaus des berühmten Künstlers Joseph Anton Feuchtmayer, der hier sein Zuhause und seine Werkstatt hatte. Wer trotz dieses Angebots an dem Argument festhält, dass ihm der winzige Katzensprung zum Bodensee zu weit ist, dem sei gesagt: Salem hat seinen eigenen See, den idyllischen Schlosssee, der zum Naturerlebnisbad umfunktioniert wurde und zu dessen Ehren es jährlich das Schlossseefest gibt.

Tourist-Information Salem

Am Schlosssee 1, 88682 Salem – ☎ +49 (0)7553/823780
✉ gemeinde@salem-baden.de – 🏠 www.salem-baden.de
📷 gemeinde.salem.baden

Kloster und Schloss Salem

SALEM DE

Ursprünglich war die Reichsabtei Salem ein Zisterzienserkloster und hatte eine beachtenswerte Stellung unter den Abteien am Bodensee. Verloren hat Schloss Salem seine Bedeutung nicht, denn es gehört zu den wichtigsten Kulturdenkmälern der Region. „Ora et labora" heißt es hier noch heute, denn als Internatsschule bietet es seit 1920 Raum für lernwillige (und in der Regel gut situierte) junge Menschen. Den Titel eines Schlosses trägt es allerdings erst seit 1802, als es in den Besitz des Marktgrafen von Baden gelangte, welcher auch die Gründung der Schule veranlasste. Das Internat teilt sich das Areal heute mit dem Land. Die staatlichen Schlösser und Gärten Baden Württemberg ermöglichen spannende und lehrreiche Touren durch die Monumente, vom Labyrinth über das Münster bis hinein ins frühere Mönchsleben.

Staatliche Schlösser und Gärten Baden-Württemberg

Schlossverwaltung Salem, 88682 Salem – ☏+49 (0)7553/91653-36

✉ schloss@salem.de – ⌂ www.salem.de – ⌾ kloster_und_schloss_salem

Öffnungszeiten: 25. März bis 1. November: Mo.–Sa. 9.30–18 Uhr,

So. und feiertags: 10.30–18 Uhr

Preise: Erwachsene ab 11,- / Kinder 5.50,- und Ermäßigungen siehe Webseite

Affenberg Salem
SALEM 🇩🇪

Die ganze Affenbande brüllt: Wo ist das Popcorn, wo ist das Popcorn…? Richtig, das gibt es inzwischen nicht mehr. Früher sah man hier den Berg vor lauter Affen nicht. Bestes Kino, und Popcorn mit dazu - das natürlich ganz selbstlos den felligen Freunden überlassen wurde. Doch dann hieß es vor etwa 3 Jahren: „Bitte nicht füttern", was lobenswert ist, da es die natürliche Lebensweise der Tiere unterstützt. Nun allerdings fehlt den schlauen, frei umherlaufenden Berberaffen manchmal etwas die Motivation, sich ihren Bewunderern zu zeigen. Und doch ist und bleibt der Affenberg Salem eine Attraktion, bei der man die süßesten Affenbabys entdecken, höchste Höhen auf dem Treewalk erklimmen oder Störche und Damwild beobachten kann.

Tipp: Abenteuerliche VIP-Forschertour noch vor der Öffnung möglich!

Affenberg Salem

Mendlishauserhof, 88682 Salem – ☎+49 (0)7553/381

🏠 www.affenberg-salem.de – 📷 affenbergsalem

Öffnungszeiten: 11.09.-5.11.: täglich 10-17 Uhr, Einlass bis 16 Uhr

Preise: Erwachsene 12.50,- / Kinder 8.50,- und Ermäßigungen siehe Webseite

Pfahlbauten Unteruhldingen
UHLDINGEN-MÜHLHOFEN 🇩🇪

Im Pfahlbaumuseum Unteruhldingen, einem der größten und ältesten archäologischen Freilichtmuseen Europas, erwarten Sie vorchristliche Immobilien. Die 23 rekonstruierten Häuser aus der Stein- und Bronzezeit machen seit über 100 Jahren eine versunkene Welt sichtbar und sind malerisch über dem Bodensee gelegen. So erhält man ein eindrucksvolles Bild von uralten Techniken, archäologischer Arbeit und davon, wie das UESCO Weltkulturerbe „Pfahlbauten rund um die Alpen" unter Wasser aussieht. Keine Frage, dass man sich von diesem steinzeitlichen Atlantis im Bodensee schnell in den Bann ziehen lässt - und von der grandiosen Fotokulisse, die diese urtümlichen Bauwerke auf dem Wasser liefern.

Pfahlbaumuseum Unteruhldingen

Strandpromenade 6, 88690 Uhldingen-Mühlhofen – 📞+49 (0)7556/928900
✉ mail@pfahlbauten.de – 🏠 www.pfahlbauten.de – 📷 pfahlbauten.official
Öffnungszeiten: 1.4.–3.10: tägl. 10–18 Uhr; 4.10–5.11.: tägl. 10–17.30 Uhr;
6. 11.–Ende Nov.: Sa.-So. 10–17.30 Uhr
Preise: Erwachsene 12.50,- / Kinder 8,- und Ermäßigungen siehe Webseite

WESTLICHER BODENSEE — ENTDECKUNGEN — CITY VISITS

Stadt Meersburg
MEERSBURG 🇩🇪

Foto: © Martin Maier

Meersburg ist ein kleines, charmantes Städtchen am Bodensee, das vor allem für seine farbenfrohe Altstadt und seine Lage direkt am Bodensee bekannt ist. Meersburg ist außerdem ein beliebter Ort für Weinliebhaber, da in der Umgebung zahlreiche Weingüter ansässig sind. In der Stadt selbst gibt es gemütliche Restaurants, Cafés und Weinstuben, in denen man regionale Spezialitäten und besagte Weine genießen kann. Wer sich gerne sportlich betätigt, kann entlang der fast schon mediterran wirkenden Uferpromenade spazieren oder Fahrrad fahren und dabei die Landschaft am Bodensee genießen. Und natürlich, nicht zu vergessen: Die Burg und das Schloss, die der Stadt ihre barocke, geradezu majestätische Silhouette verleihen.

Stadt Meersburg, Abteilung Tourismus und Veranstaltungen
Kirchstraße 4, 88709 Meersburg – ☏ +49 (0)7532/440400
✉ info@meersburg.de – ⌂ www.meersburg.de – ⓘ meersburg_am_bodensee

Die Meersburg

MEERSBURG 🇩🇪

Sind Sie für ein echtes Rittererlebnis am Bodensee gerüstet? Dann empfehlen wir die Meersburg, die älteste, noch bewohnte Burg Deutschlands. Ihre Lage hoch über dem See und ihr Alter machen sie zu einem erhabenen Urgestein des Bodensees und zum Wahrzeichen der Stadt. Die Anfänge gehen einer Sage nach auf den Merowinger-König Dagobert I. im 7. Jh. zurück. Unter 44 Fürstbischöfen war sie mehr als ein halbes Jahrtausend im Besitz des Bistums Konstanz. Die tausendjährige Burg ist in keinem Teil der Anlage Ruine und entging der Zerstörung. Damit ist sie eine echte Besonderheit und unbedingt einen Blick wert! Im Übrigen hat hier auch die berühmte Dichterin Anette von Droste-Hülshoff gelebt, deren Gedenkräume man beim Rundgang besichtigen kann. Na dann, hereinspaziert, liebe Burgherren und -fräulein!

Burg Meersburg

88709 Meersburg – 📞 +49 (0)7532/80000

🏠 www.burg-meersburg.de – 📷 burg_meersburg

Öffnungszeiten: Tägl. 10–18.30 Uhr, im Winter bis 18 Uhr, Details siehe Webseite
Preise: Erwachsene 12.80,- / Kinder 8,- bis 10,- und Ermäßigungen siehe Webseite

Neues Schloss Meersburg
MEERSBURG 🇩🇪

Meersburg hat nicht nur eine alte Burg, sondern auch ein Neues Schloss zu bieten. Originell, elegant und mit dem verspielten Prunk des Barocks macht das Bauwerk auf sich aufmerksam. Es besteht die Möglichkeit, das Schloss durch Audioguides, Führungen oder in einem individuellen Rundgang selbst zu erkunden. Ein aufwändig gestaltetes Treppenhaus führt zu den Privaträumen, Staatsappartements und dem Spiegelsaal. Dabei wandelt man unter meisterhaften Decken-Stuckaturen und wird von neugierigen Engeln beäugt. Die Beletage mit ihren Räumen und den dort ausgestellten Exponaten bietet Einblicke in die Wohn- und Lebenskultur der Fürstbischöfe im 18. Jahrhundert. Einen schönen Ausklang bietet der Besuch des Cafés auf der Schlossterrasse mit einem fabelhaften Blick über den Bodensee bis zu den Gipfeln der Alpen.

Neues Schloss Meersburg, Staatliche Schlösser und Gärten BW

Schlossplatz 12, 88709 Meersburg – ☎ +49 (0)7532/8079410

✉ info@neues-schloss-meersburg.de – 🏠 www.neues-schloss-meersburg.de

Öffnungszeiten: 25.03. bis 5.11.: täglich 9.30–18 Uhr, Einlass bis 17.30 Uhr,
6.11. bis 24.03.: Sa, So und Feiertage, 12–17 Uhr, Einlass bis 16.30 Uhr

Preise: Erwachsene 6,- und Ermäßigungen siehe Webseite

Fürstenhäusle Meersburg
MEERSBURG 🇩🇪

Versteckt zwischen Weinstöcken liegt auf einer Anhöhe das um 1600 erbaute Fürstenhäusle und bietet einen Überblick über die hübsche Meersburger Altstadt und vor allem weit über den See – Eine Aussicht, die die stolze Besitzerin damals als „fast zu schön" beschrieb. Es handelte sich um die bekannte Dichterin Annette von Droste-Hülshoff. 1847 ersteigerte sie sich das Weinberghaus und ließ es umbauen, um an diesem schöpferischen Rückzugsort, den sie liebevoll Schwalbennest nannte, ungestört schreiben zu können. Obwohl dieser Plan aufgrund ihres frühen Todes nicht in Erfüllung ging, ist es nach ihren in den Briefen überlieferten Vorstellungen eingerichtet. Heute geben die biedermeierliche Einrichtung sowie die Hör- und Medienstationen einen Eindruck ihres Lebens und gesellschaftlichen Umfelds. Im Besucherraum kommen die Dichterin und Personen aus ihrem engsten Kreis selbst „zu Wort".

Fürstenhäusle, Staatliche Schlösser und Gärten Baden-Württemberg
Stettener Straße 11, 88709 Meersburg – ☏+49 (0)7532/807941-0
✉ info@fuerstenhaeusle.de – ⌂ www.fuerstenhaeusle.de
Öffnungszeiten: 1.5. bis 5.11.: täglich 10–17 Uhr, 25.3.–30.4.: Mi-So. und feiertags 10-17 Uhr
Preise: Erwachsene 5,- und Ermäßigungen siehe Webseite

Bibelgalerie Meersburg

MEERSBURG DE

Der älteste, verbreitetste, einflussreichste und meistübersetzte Bestseller der Welt: Die Bibel. Der eine kennt sie besser als seine Westentasche, für den anderen ist sie ein Buch mit sieben Siegeln. Aber was weiß man wirklich über die Heilige Schrift? Im verheißungsvollen Bibelmuseum kann man ihre Spuren entdecken, in Kultur, Geschichte und Alltag. Es gibt Erstaunliches rund um die Bibel zu entdecken und auszuprobieren, beispielsweise mit den Fingerspitzen eine Zeile der 22- bändigen Blindenbibel lesen, unter dem Mikroskop die kleinste Bibel der Welt entziffern, die schwerste Bibel wiegen und vieles mehr. Der Raum der Stille und der idyllische Bibel- und Kräutergarten im Innenhof sind ideal für eine andächtige Ruhepause.

Bibelgalerie Meersburg
Kirchstraße 4, 88709 Meersburg – ☎+49 (0)7532/5300
🏠 www.bibelgalerie.de – 📷 bibelmuseen
Öffnungszeiten: 26.3–5.11: Di.–Sa. 11–13 Uhr & 14–17 Uhr, So. und feiertags 14–17 Uhr
Preise: Erwachsene 6,- / Kinder 4,- und Ermäßigungen siehe Web

vineum bodensee
MEERSBURG 🇩🇪

Im Wein liegt die Wahrheit, und die Wahrheit über den Wein liegt im vineum bodensee. Das 400 Jahre alte Baudenkmal bietet einen interaktiven und sinnlichen Rundgang durch die Kulturgeschichte des Weines. Gleich im Eingang begrüßt einen die Weintorkel von 1607 – eine der größten, ältesten und noch funktionsfähigen Weinpressen Europas. Zu sehen gibt es allerhand Kurioses, Interaktives und Geschichtliches zum Thema Meersburg, Bodensee, Wein und Kultur. Duftstationen laden zum Erschnuppern von über 20 Weinaromen ein, die sich im Bodenseewein wiederfinden. Der vineumstore präsentiert ungewöhnliche Wein-Accessoires und in der vinemathek gibt es Kostproben, da Probieren bekanntlich über Studieren geht…(Oder um es mit unserem Verlagsmotto auszudrücken: Mehr gusto, weniger frusto, mehr Erleben am Bodensee!).

vineum bodensee
Vorburggasse 13, 88709 Meersburg – +49 (0)7532/440260
info@vineum-bodensee.de – www.vineum-bodensee.de
Öffnungszeiten: April bis Oktober: Di.- So. und feiertags 11 bis 18 Uhr,
Nov. bis März: Sa.-So. und feiertags 11 bis 18 Uhr
Preise: Erwachsene 7,- und Ermäßigungen siehe Webseite

Rotes Haus Galerie Bodenseekreis
MEERSBURG 🇩🇪

Foto: © Ausstellung Bernhard Huber 2015

Neue Impulse im Blick auf die regionale Kunst will das Rote Haus in Meersburg geben. Moderne und zeitgenössische Kunst des 20./21. Jahrhunderts in der Region Bodensee- Oberschwaben und die Kunstsammlung des Bodenseekreises stehen im Mittelpunkt der Präsentationen, die das Barockpalais am Meersburger Schlossplatz in wechselnden Ausstellungen zur Schau stellt. Damit ist das Rote Haus immer wieder für eine Überraschung gut! Im Sommer 2024 geht es weiter mit den fantasievollen Werken der Überlinger Malerin Sigrun C. Schleheck. Wer Unkonventionelles mag, wird ihren rätselhaften Bilderkosmos lieben und erfrischt aus der Ausstellung herausgehen.

Rotes Haus | Galerie Bodenseekreis
Schlossplatz 13, 88709 Meersburg – ☎ +49 (0)7532/494129
✉ galerie.meersburg@bodenseekreis.de – 🏠 www.galerie-bodenseekreis.de
Öffnungszeiten: Saisonal, siehe Webseite
Preise: Erwachsene 4,- und Ermäßigungen siehe Webseite

Meersburg Therme
MEERSBURG 🇩🇪

In diesem Buch wurden schon genügend Loblieder auf die Bodensee-Thermen gesungen, aber alle guten Dinge sind bekanntlich drei. Jedenfalls ist auch die Therme Meersburg ein ganzjähriges Badeerlebnis im Einklang mit der Umgebung des Bodensees. Im Sommer ist Freibad-Saison mit mediterranem Strandbad-Ambiente und im Winter wärmt der warme Thermalbereich die Badegäste auf. Ganzjährig sind die einzigartigen Pfahlbausaunen zum Freiluftsaunieren geöffnet, und auch den herrlichen Blick auf den oberen Bodensee kann man durchgängig genießen. Kurzgefasst: Wellness direkt am See!

Meersburg Therme
Uferpromenade 10–12, 88709 Meersburg – ☏ +49 (0)7532/4402850
🏠 www.meersburgtherme.de – 📷 meersburg_therme
Öffnungszeiten: tägl. 10–19 Uhr, Wintersaison ab 29. Sept.: Mo.–Do. 10–22 Uhr, Fr.-Sa. 10–23 Uhr, So. und feiertags 9–22 Uhr
Preise: Je nach Nutzung und Dauer, Details siehe Webseite

Restaurant Casala im Hotel Residenz
MEERSBURG 🇩🇪

Alles ART hier! Dies betrifft nicht nur die fantastisch arrangierten Speisen auf dem Teller, sondern auch das Interieur des Gourmet-Restaurants und Hotels. Vom Empfang, bis zum Tisch, wird der Gast mit Kunstwerken und originellem Geschmack – ob bei der Einrichtung oder den Speisen – überrascht. Maître Markus Philippi – ein Schüler von Harald Wohlfahrt übrigens- serviert nun schon seit Jahren exzellenten Genuss im Hotel Residenz am See, was dem Lokal diverse Preise und Auszeichnungen beschert hat. Angenehm ist, dass der Gast die Wahl hat sich aus dem A la Carte sich ein Menü zusammenzustellen. Dabei kann er aus Klassikern des Hauses oder neuen Kreationen wählen. Man kann dem Küchenmeister und seinem Team trauen, dass sowohl neue Gerichte als auch Klassiker mit hervorragender Produktqualität und wunderbarem Geschmack brillieren.

Hotel Residenz Meersburg, Restaurant Casala
Uferpromenade 11, 88709 Meersburg – 📞+49 (0)7532/80040
🏠 www.hotel-residenz-meersburg.com – 📷 romantikhotelresidenzamsee
Öffnungszeiten: Mo., Do.-So.: 13-16 Uhr und 17-22 Uhr

Gemeinde Immenstaad

IMMENSTAAD 🇩🇪

Obstplantagen, namentlich Apfelbäume, prägen das Bild der Gemeinde Immenstaad. Zauberhaft sind besonders die unmittelbare Uferlage am See, die Alpensicht und die sanften Hügel mit ihren Weinreben. Nur neun Kilometer entfernt liegt Friedrichshafen, das weniger idyllisch für den Aufenthalt, aber ein umso erlebnisreicheres Ausflugsziel von Immenstaad aus ist. Freizeitmöglichkeiten bieten der Hochseilgarten des Abenteuerparks Immenstaad, sowie ein Apfelspazierweg, das große Strand- und Hallenbad Aquastaad, die Kunstgalerie art&vision oder das kleine Heimatmuseum im Haus Montfort. Auf das Wasser kann man sich mit Kanu, Kajak oder SUP wagen (Verleih durch Erlebnisgolfplatz „Käpt´n Golf"), oder durch eine Schifffahrt mit der Lädine St. Jodok. Eine noch abenteuerlichere Unternehmung ist das Bogenschießen bei Pfeilsam. Wer weiß, in Immenstaad treffen Sie vielleicht wie Wilhelm Tell direkt einen Apfel…

Tourist-Information Immenstaad

Dr.-Zimmermann-Straße 1, 88090 Immenstaad – ☏ +49 (0)7545/201-700
✉ tourismus@immenstaad.de – ⌂ immenstaadambodensee

AbenteuerPark Immenstaad
IMMENSTAAD 🇩🇪

Wer schwindelfrei ist und keine Höhenangst verspürt, kann es in Immenstaad mit einer etablierten Kletterherausforderung auf sich nehmen. Der AbenteuerPark Immenstaad war 2003 der erste Waldseilklettergarten Deutschlands und hat sich seitdem kontinuierlich weiterentwickelt. Seit 2017 gibt es hier eines der fortschrittlichsten Sicherungssysteme, welches dem höchsten Sicherheitsstandart in der Seilgartennorm entspricht. Bis zu 15 Höhenmeter kann man in 11 verschiedenen Parcours erklimmen und dabei seinen persönlichen Liebling ausfindig machen. Sowohl Kinder als auch Kletterprofis finden darunter etwas Passendes. Ab 3 Jahren geht es hier schon hoch hinaus, z.B. im neuen Kids-Parcours „Musik in den Bäumen". Tarzan wäre neidisch!

AbenteuerPark Immenstaad

Am Klötzenen Forst, 88090 Immenstaad – ☎+49 (0)7545/949462

✉ office@abenteuerpark.com – ⌂ www.abenteuerpark.com

Öffnungszeiten: Saisonal, siehe Webseite

Preise: Erwachsene 29,- / Kinder 23,- und sonstige siehe Webseite

ÖSTLICHER BODENSEE ERHOLUNG & GENUSS HOTELS & FERIENWOHNUNGEN

Ferienwohnpark Immenstaad
IMMENSTAAD DE

Wie ein kleines Dorf liegt der Ferienwohnpark Immenstaad am östlichen Ende der Gemeinde. Dieses friedliche Feriendomizil am See ist eine Unterkunft, in der man sich sehr schnell wohlfühlen kann und die sich insbesondere Familienfreundlichkeit auf die Fahne geschrieben hat. Es handelt sich um eher simple, aber gemütliche Ferienhäuser, die man für eine beliebige Dauer mieten kann (sofern nicht schon belegt). Alles ist vorhanden, was für die Selbstversorgung benötigt wird. Das gepflegte Gelände kann sich nicht zwischen Vorstadt-, Camping – und Seeidylle entscheiden und kommt einem Landschaftsgemälde verdächtig nahe. Die Ausstattung ist klassisch und einfach, aber wen stört das schon, wenn man den Bodensee direkt vor den Füßen hat?

Ferienwohnpark Immenstaad
Gehrenbergstraße 50, 88090 Immenstaad – ✆ +49 (0)7545/94100
✉ anfrage@ferienwohnpark-immenstaad.de
⌂ www.ferienwohnpark-immenstaad.de
Preise: Je nach Haus/Wohnung, Mietdauer und Saison

Pfeilsam
IMMENSTAAD 🇩🇪

Verrückte Outdooraktivität am See gesucht, und gerne ein klares Ziel vor Augen? Dann treffen Sie mit Pfeilsam ins Schwarze! Intuitives Bogenschießen, mitunter auch Spezialtechniken wie der Daumentechnik beim Reiterbogen, „Arrow Guide" oder „Siper", werden ohne die Erwartung irgendwelcher Vorkenntnisse in verschiedenen Bogenkursen vermittelt. Auch für Gruppen, Kindergeburtstage und andere Events gibt es entsprechende Angebote. Da mobiles Equipment zur Verfügung steht, können die Pfeilsam-Kurse auch an vielen weiteren Orten des Bodenseeraums genutzt werden. Im Freizeitareal kann man nach kurzer Einweisung jederzeit selbstständig austoben, auch im Winter. Der Betreiber Arne Rehborn hat durch seine Zeit als Waldorflehrer den Naturbezug und das erlebnispädagogische Know-How gewonnen, um seinen Schützlingen das nötige Vertrauen zu vermitteln – und sieh an, schneller als der Wind hat so mancher Anfänger den Bogen raus.

Bogen-Freizeit-Areal

Am Klötzenen Forst, 88090 Immenstaad – 📞 +49 (0)160/7623667

✉ mail@pfeilsam.de – 🏠 www.pfeilsam.de

Öffnungszeiten: Apr. – Sept.: Di.-So. 10-19 Uhr, Okt. – März: Di.-So. 10-16 Uhr

Preise: Je nach Kursumfang, ab 22,- und Details siehe Webseite

Gehrenberg
MARKDORF 🇩🇪

Genug Zeit im oder auf dem See verbracht? Dann wird es Zeit für einen Landgang, beziehungsweise für die Bodensee Land Gänge. In der Ferienlandschaft Gehrenberg-Bodensee gibt es Premiumwanderwege, von denen einer hübscher als der andere ist. Hier kommt man in den Genuss von ungetrübter Naturschönheit, grandiosen Aussichten, Ruhebänken und Schattenplätzen. Der Gehrenberg in Markdorf bietet laut anonymen Quellen die überhaupt beste Aussicht auf den Bodensee. Er wird vom metallischen Gerüst des Gehrenbergturms geziert, der nicht umsonst gerne mit dem Eifelturm verglichen wird. Etwas unterhalb davon liegt der (angebliche) geographische Mittelpunkt des Landkreises Bodensee, der auch als solcher markiert wurde. Vor dem Gehrenberg erstreckt sich die sogenannte Panzerwiese, die im 2. Weltkrieg als Testgelände für Panzer diente und heute, weitaus erfreulicher, als Schlittenwiese für Kinder.

Tourismusgemeinschaft Gehrenberg-Bodensee e.V.
Marktstraße 1, 88677 Markdorf – ☎ +49 (0)7544/500-290
✉ info@gehrenberg-bodensee.de – 🏠 www.gehrenberg-bodensee.de
📷 gehrenbergbodensee

Stadt Friedrichshafen
FRIEDRICHSHAFEN DE

Foto: © Dennis Welge

Friedrichshafen, die zweitgrößte Stadt am See und Kreisstadt des Bodenseekreises, ist ein beliebtes Reiseziel für Besucher aus aller Welt. Die Stadt liegt am nördlichen Ufer und bietet eine Landschaft, die von Bergen und grünen Wiesen umgeben ist. Die Hafenstadt hat eine reiche Geschichte, die bis ins 19. Jahrhundert zurückgeht, als sie als wichtiger Industriestandort für die Luftfahrtbranche berühmt wurde. Noch heute denkt man sofort an den Zeppelin, wenn der Name Friedrichshafen fällt. Friedrichshafen hatte nicht den Luxus, so unversehrt wie Konstanz aus dem 2. Weltkrieg hervorzugehen, denn die Rüstungsindustrie machte die Stadt zum Ziel mehrfacher Bombenangriffe. Gegenüber Konstanz wirkt Friedrichshafen heute jung und technikaffin. Zudem ist Friedrichshafen bekannt für seine Cafés direkt am See, Restaurants mit regionaler Küche und jede Menge Freizeitmöglichkeiten.

Tourist-Info Friedrichshafen
Bahnhofplatz 2, 88045 Friedrichshafen – ☏ +49 (0)7541/203-55444
✉ tourist-info@friedrichshafen.de – ⌂ www.friedrichshafen.de – ⓘ visitfriedrichshafen

Seehasen Fest
FRIEDRICHSHAFEN 🇩🇪

Eines der größten Traditionsfeste der Bodenseeregion ist das alljährliche Seehasenfest in Friedrichshafen. Die Hintergründe des eigentümlichen Namens sind nicht zweifelsfrei geklärt, aber wenn es Wasserratten gibt, warum dann keinen Seehasen? Also lassen Sie uns einfach an den kuscheligen, schwarz-weißen Hasen glauben, der per Schiff immer am Samstag des Festes aus dem Tiefseemöhrenfeld abgeholt und am Hafen empfangen wird. Immerhin können Sie ihn und sein überraschend menschliches Gesicht mit eigenen Augen sehen (und beim Weihnachtsmann funktioniert das Schema ja bekanntlich auch). Die Einholung des Seehas ist jedenfalls der traditionelle Höhepunkt des Festes, besonders für die Erstklässler, die in Form des sogenannten „Hasenklees" schultütenähnliche Präsente von dem großen Kuscheltier erhalten. Aber es geht beim Seehasenfest eigentlich um das gesellige Gesamtpaket: Theater, Sportwettkämpfe, verkleideter Festumzug, SUP-Cup und weitere Programmpunkte sorgen fünf Tage lang für ein buntes Treiben auf dem ausgelassenen Kinder- und Heimatfest.

Seehasenpräsidium
Leonie-Fürst-Str. 19, 88048 Friedrichshafen – ✉ info@seehasenfest.de
🏠 www.seehasenfest.de – 📷 seehasenfest_friedrichshafen
Öffnungszeiten: Nächster Termin: 11. - 15. Juli 2024
Preise: Es ist „Ehrensache", ab 18 das Festabzeichen für 5,- zu erwerben

Bodensee-Helicopter
FRIEDRICHSHAFEN 🇩🇪

Abheben und die Welt einmal mit anderen Augen sehen – Das kann man bei den Helicopter-Rundflügen. Dabei gewinnt man eine einzigartige Vogelperspektive auf die bezaubernde Bodensee- und Alpenlandschaft.

Bei den Helicopter-Schnupperflügen wird der Traum vom Selber-Fliegen wahr! Und das ganz ohne fliegerische Vorkenntnisse. Der Schnupperflug beinhaltet eine detaillierte Einweisung während einer Vorflugkontrolle (ca. 1 Stunde) sowie den Flug am Doppelsteuer einer Robinson R22 oder R44 unter Anleitung eines Fluglehrers (ca. 30 Minuten). Ein solches Erlebnis bleibt ewig in Erinnerung. Wir sind uns sicher: Nur Fliegen ist schöner!

BHF Bodensee-Helicopter GmbH
Am Flugplatz 64, 88046 Friedrichshafen – ☏ +49 (0)7541/304985
✉ info@bodensee-helicopter.de – 🏠 www.bodensee-helicopter.de
Preise: Ab 239,40 p.P., Details u. Preisliste siehe Webseite

Bodensee-Fähre
FRIEDRICHSHAFEN 🇩🇪

Die Bodensee-Fähre bildet die Brücke zwischen der Schweiz und Deutschland. Wer von Friedrichshafen nach Romanshorn fahren möchte, hat eine Strecke von rund 70 Kilometern um den See vor sich. Stressfreier ist eine Fahrt mit der Bodensee-Fähre, die beide Orte verbindet. 365 Tage im Jahr fahren die Fähren im Stundentakt zwischen Romanshorn und Friedrichshafen. Betrieben wird die Bodensee-Fähre gemeinsam von den Bodensee-Schiffsbetrieben (BSB) und der schweizerischen SBS Schifffahrt AG. Anstelle von Stau und vollen Straßen wird das Auto auf der Fähre abgestellt und die Bremse angezogen.
Die Überfahrt dauert 45 Minuten – Zeit genug für eine Tasse Kaffee und ein Stück Kuchen, während man den Seeblick bestaunt.

Bodensee-Schiffsbetriebe GmbH
Seestr. 23, 88045 Friedrichshafen – ☏ +49 (0)7541/9238-0
✉ faehre@bsb.de – 🏠 www.bsb.de – 🏠 www.sbsag.ch – 📷 diebodenseeschiffahrt
Fahrzeiten: Immer stündlich, siehe Homepage
Preise: Erwachsene 10.60,- / Kinder 5.30,- und andere Tarifdetails siehe Homepage

Dornier Museum Friedrichshafen
FRIEDRICHSHAFEN 🇩🇪

Wie im Flug vergeht die Zeit im Dornier Museum Friedrichshafen. Genauer gesagt sind es 100 Jahre Luft- und Raumfahrtsgeschichte, die hier rasant an einem vorüberziehen. riesige Flugboote, nostalgische Passagiermaschinen und bemerkenswerte Exponate aus der Raumfahrt erwarten die Besucher und Besucherinnen. In direkter Nachbarschaft zum Bodensee-Airport, präsentiert das weiträumige Technikmuseum am Bodensee seine Flugstücke auf über 6.000 m².

Dornier Museum Friedrichshafen

Claude-Dornier-Platz 1 (am Flughafen), 88046 Friedrichshafen

📞+49 (0)7541/4873600 – ✉ info@dorniermuseum.de

🏠 www.dorniermuseum.de – 📷 dorniermuseum

Öffnungszeiten: Di.–So. 10–17 Uhr, Details siehe Webseite

Preise: Erwachsene 12.50,- / Kinder 7,- und Ermäßigungen siehe Homepage

Schulmuseum Friedrichshafen

FRIEDRICHSHAFEN DE

Also lautet ein Beschluss, dass der Mensch was lernen muss. Zum Beispiel über die sprichwörtliche „Alte Schule". Wie war das denn früher so? Wie haben Sie selbst die Schulzeit erlebt, und wie hat sich das Bildungswesen entwickelt? Im Schulmuseum gibt es historische Klassenzimmer, Wachstafeln, Federhalter und den ein oder anderen Rohrstock zu sehen, der natürlich nur bei schwerwiegendsten Verstößen gegen die Museumsordnung eingesetzt wird. Besucher jeder Altersstufe können in dieser vergangenen Welt viel über den Ernst des Lebens lernen – eine Geschichte von Tinte bis Tablet, von Rechentafel bis Taschenrechner. Ein ganz spezielles Museum, das selbst Kinder überzeugen kann, im Urlaub die Schulbank zu drücken.

Schulmuseum Friedrichshafen
Friedrichstraße 14, 88045 Friedrichshafen – ☏ +49 (0)7541/20355610
✉ schulmuseum@friedrichshafen.de – ⌂ www.schulmuseum.friedrichshafen.de
◉ schulmuseumfriedrichshafen
Öffnungszeiten: Di.-So. und feiertags 10-17 Uhr, Ausnahmen siehe Webseite
Preise: Erwachsene 3.50,- / Kinder unter 6 frei und Ermäßigungen siehe Homepage

Zeppelinmuseum Friedrichshafen
FRIEDRICHSHAFEN DE

Friedrichshafen ist die Stadt des Zeppelins, sodass ein Besuch des entsprechenden Museums alternativlos ist. Mit Originalexponaten sowie historischen Ton-, Film- und Bildaufnahmen erzählt das Zeppelin Museum die Geschichte der Luftschifffahrt. In der Ausstellung wird das Flugprinzip "Leichter als Luft" erklärt und an Experimentierstationen und dem Zeppelin- Flugsimulator erlebbar gemacht. Das Herzstück ist die Teilrekonstruktion der legendären Hindenburg, jener tragischen Titanic der Lüfte. Über das Fallreep steigt man in die nach historischen Plänen nachgebauten Passagierbereiche und kann nachempfinden, wie man sich als Passagier dieser innovativen Luxusliner fühlte. Was weniger bekannt ist: Das Zeppelin Museum verfügt auch über eine sehenswerte Kunstsammlung großer Meister aus Süddeutschland!

Zeppelin Museum Friedrichshafen
Seestraße 22, 88045 Friedrichshafen – ☏ +49 (0)7541/38010
✉ info@zeppelin-museum.de – ⌂ www.zeppelin-museum.de – ◉ zeppelinmuseum
Öffnungszeiten: Mai-Oktober: tägl. 9-17 Uhr, November-April: Di.-So. 10-17 Uhr
Preise: Erwachsene 12,- / Kinder 6.50,- und Ermäßigungen siehe Homepage

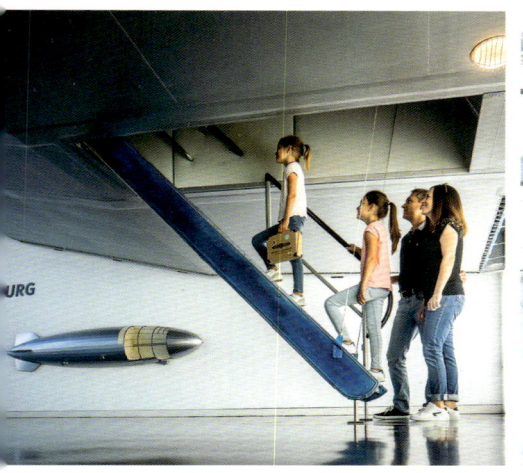

Gemeinde Meckenbeuren

MECKENBEUREN 🇩🇪

Umgeben von einem Berg- und Waldpanorama in unmittelbarer Nähe zum Bodensee und zu den Alpen bietet Meckenbeuren, die größte ländliche Gemeinde Oberschwabens, vielfältige Urlaubs- und Freizeitmöglichkeiten. Das Lied „Auf der Schwäbschen Eisenbahne", und natürlich der beliebte Freizeitpark in Meckenbeuren-Liebenau, das Ravensburger Spieleland, haben den Ort bekannt gemacht.
Auch im großen Indoorspielplatz, in der Hallenspielewelt „Lufti", können sich die Kinder nach Herzenslust austoben. Eine abenteuerliche Kanufahrt auf der Schussen quer durch die Gemeinde bis hin zum Bodensee ist ebenfalls ein aufregendes Erlebnis für die Familie. Zusätzlich sollte dem Humpisschloss im Ortsteil Brochenzell, einer früheren Burg, ein Besuch abgestattet werden.

Tourist-Information Meckenbeuren
Bahnhof 1, 88074 Meckenbeuren – 📞+49 (0)7542/936246
✉ touristinfo@reisenundmehr.eu – 🏠 www.meckenbeuren.de

ÖSTLICHER BODENSEE — ERLEBNISSE — AUSFLUGSZIEL

Ravensburger Spieleland
MECKENBEUREN 🇩🇪

Was ist schon ein Spiel von Ravensburger, wenn man auch einen ganzen Ravensburger-Kosmos betreten kann? Das Ravensburger Spieleland macht aus einem Spielbrett einen ganzen Vergnügungspark, und einen Vergnügungspark zum großen Spielbrett. Bei diesem Erlebnis kann man sich verausgaben, mitmachen und Neues dazulernen. Besucher begeben sich mit dem BRIO Wellenreiter auf eine Fahrt durch den Hafen, stellen in der SchokoWerkstatt von Ritter Sport ihre eigene Lieblingsschokolade her oder entdecken im CLAAS Fahrzeug-Parcours die Welt der Landwirtschaft. Wer es rasant mag, bekommt seinen Adrenalin-Kick beim Alpin-Rafting oder im Freifallturm „Hier kommt die Maus!". Hier entdeckt man die Spielideen von Ravensburger im XXL-Format, zum Beispiel „Das verrückte Labyrinth". In der neuen „World of Memory" kann man das Gedächtnisspiel gleich in 4-Dimensionen erleben und auf seiner Abenteuerreise Kartenpaare sammeln. Für Familien bietet das parkeigene Feriendorf die Möglichkeit, direkt bei Maus, Käpt´n Blaubär und Konsorten zu übernachten, wenn man vom Spielen müde geworden ist.

Ravensburger Spieleland

Am Hangenwald 1, 88074 Meckenbeuren – ☏ +49 (0)7542/4000

⌂ www.spieleland.de – ⌂ www.spieleland-feriendorf.de – ⌾ spieleland

Öffnungszeiten: Attraktionen öffnen um 10.15 Uhr, Details siehe Website-Kalender

Preise: Erwachsene 42,50,- / Kinder 40.50,- und Ermäßigungen siehe Homepage

Humpisschloss Brochenzell-Meckenbeuren

MECKENBEUREN DE

Auch kulturell hat Meckenbeuren seine Vorzüge. Das Humpisschloss Brochenzell, heute als Gaststätte und Museum genutzt, spiegelt die Geschichte der Handelszüge zu Zeiten der Herren von Humpis wider. Es liegt zwischen Bodensee und den Klöstern und Schlössern der Barockstraße.

Neben dem Humpisschloss lädt die Jakobuskirche in Brochenzell die Besucher und Pilger auf dem Jakobusweg zur besinnlichen Einkehr ein. Und der über 100 Jahre alte und restaurierte Güterschuppen am Bahnhof „Kultur am Gleis 1" unterhält mit Comedy, Kabarett, Theater, Konzerten und Vorstellungen in ungewöhnlichem Ambiente, inklusive Getränkeausschank vom Postwaggon!

Tourist-Information Meckenbeuren
Bahnhof 1, 88074 Meckenbeuren – ☏ +49 (0)7542/936246
✉ touristinfo@reisenundmehr.eu – ⌂ www.meckenbeuren.de
⌂ www.humpiseum.de

ÖSTLICHER BODENSEE · ENTDECKUNGEN · CITY VISITS

Stadt Ravensburg

RAVENSBURG DE

Der Name ist Programm, denn Ravensburg ist die Stadt der Türme und Tore, Mauern und Zinnen. Und natürlich der Spiele, denn die alteingesessene Spielemarke Ravensburger mit dem blauen Dreieck besitzt weltweite Bekanntheit. Die historische Altstadt im Rahmen einer Stadtführung zu erkunden, lohnt sich, denn Geschichtsträchtiges versteckt sich in allen Ecken und Winkeln. Wer sich auf das ravensburgerische Entdeck- und Versteckspiel einlässt, wird sicherlich die Stadtbefestigung bewundern und den ein oder anderen Turm besteigen, einen aussichtsreichen Ausflug zur Veitsburg machen oder das Museumsquartett aufsuchen, das aus dem Wirtschaftsmuseum, dem Spielemuseum Ravensburger, dem kulturhistorischen Museum Humpis- Quartier und dem Kunstmuseum Ravensburg besteht.

Tipp: Da Ravensburg die Stadt der Spiele ist, kann man sie spielerisch mit der App „Ravensburg Go" erkunden – mit Touren, Informationen zu Sehenswürdigkeiten, Quizzen, Puzzeln und mehr!

Tourist-Information Ravensburg

Marienplatz 35, 88212 Ravensburg – ☎ +49 (0)751/82800
✉ tourist-info@ravensburg.de – ⌂ www.ravensburg.de – ◉ visitravensburg

Kunstmuseum Ravensburg
RAVENSBURG DE

Das Kunstmuseum Ravensburg erinnert architektonisch selbst an eine moderne Burg. Es handelt sich bei dem Gebäude um ein energiesparendes Passivhaus, das beispielsweise mit gebrauchten Ziegeln an die historische Stadt gemahnt und nebenbei ein modernes „Recyclingkonzept" umsetzt.

Das Fundament der Ausstellung bildet die expressionistische Kunstsammlung Selinka, ergänzt durch das Wechselausstellungsprogramm zur Kunst des 20. und 21. Jahrhunderts. Ein Familien-Tipp sind Angebote wie das Kinderatelier zur Marktzeit oder das Offene Atelier am Sonntag. Das Kunstmuseum Ravensburg wurde im Jahr 2013 mit dem deutschen Architekturpreis ausgezeichnet, 2014 für den Europäischen Museumspreis (EMYA) nominiert und 2015 zum „Museum des Jahres" (AICA) gekürt.

Kunstmuseum Ravensburg
Burgstraße, 88212 Ravensburg – ☏+49 (0)751/82810
✉ kunstmuseum@ravensburg.de – 🏠 www.kunstmuseum-ravensburg.de
📷 kunstmuseumravensburg
Öffnungszeiten: Di. 14-18 Uhr, Mi.-So. 11-18 Uhr, Do. 11-19 Uhr
Preise: Erwachsene 7,- / Kinder frei und Ermäßigungen siehe Webseite

Foto: © Wynrich Zlomke

Foto: © Roland Halbe

Museum Ravensburger
RAVENSBURG DE

Wenn das letzte Puzzlestück zur Urlaubsplanung noch fehlt, wird es Zeit für das Museum Ravensburger. Spiele, Bücher, Puzzles und alles, was Spaß macht, wird in der interaktiven Ausstellung des früheren Verlagsstammhauses präsentiert. Im Museum Ravensburger erfahren Sie, wie der Herstellungsprozess dieser Unterhaltungsmittel aussieht. Alles Wissenswerte rund ums blaue Dreieck offenbart sich Besuchern jeden Alters, ob mit Quizz-Rallye oder digitaler Führung. Dabei kommt man der Geschichte des Unternehmens, seinem Konzept und seinen Klassikern auf die Spur. Wie beim Spiel selbst ist auch im Museum alles aufs Mitmachen und Ausprobieren ausgelegt, denn wer nicht mitspielt, hat bekanntlich verloren. Weiterstöbern lässt sich anschließend im Spielehof oder in der Spiel-und Leselounge.

Museum Ravensburger

Marktstrasse 26, 88212 Ravensburg – +49 (0)751/82810
museum@ravensburger.de – www.museum-ravensburger.de
museum.ravensburger

Öffnungszeiten: Siehe Webseite

Preise: Erwachsene 12,- / Kinder bis 14 Jahren 9.50,- und Ermäßigungen s. Webseite

Wirtschaftsmuseum Ravensburg
RAVENSBURG DE

Geld regiert die Welt, auch die des Wirtschaftsmuseums Ravensburg. Das historische Gebäude gehörte einst der ersten württembergischen Kreissparkasse und zeigt nun Ausstellungen zu Wirtschaft, Gesellschaft sowie Industrie, Banken, Handel und sonstigen Gewerbezweigen. Je nach aktuellem Thema können Sie einem altehrwürdigen Tresor oder besonders absurden Spardosen begegnen. Nach der Jubiläumsausstellung zur deutschen (böse Zungen würden sagen schwäbischen) Tugend des Sparens, wird nun wieder umgebaut und Platz für die kostenfreie Wanderausstellung „hier leben" ab 18. November 2023 geschaffen. Im Sommer 2024 soll dann auch die neue Dauerausstellung ihre Tore öffnen.

Wirtschaftsmuseum Ravensburg
Marktstrasse 22, 88212 Ravensburg – +49 (0)751/35505777
museum@wirtschaftsmuseum-ravensburg.de
www.wirtschaftsmuseum-ravensburg.de – wirtschaftsmuseum_kreis_rv
Öffnungszeiten: Di. – So. 11-18 Uhr
Preise: Erwachsene 4,- / Kinder frei und Ermäßigungen siehe Webseite

Museum Humpis-Quartier
RAVENSBURG

Vom Wirtschaftsmuseum Ravensburg geht es gleich weiter zur reichen Kaufmannsfamilie von Ravensburg, der Patrizierfamilie Humpis. Im Museum Humpis-Quartier stehen die Familienangehörigen dieser ravensburger „Medici" im Fokus, die das Haus bewohnten. Es geht aber auch um die Lebenswelt der Patrizier und die Stadtgesellschaft Ravensburgs im Gesamten, vor dem Wandel der Epochen vom 11. Jahrhundert über die Industrialisierung bis zum 21. Jahrhundert. Handel, Zunftwesen, Textilgeschichte, Schwabenkinder und Hexenverfolgung werden bei dieser Reise durch die Jahrhunderte schlaglichtartig behandelt und verleihen den kammerartigen Räumen ein großes Zeit- und Themenspektrum. Bis zum 18. August 2024 wird die Sonderausstellung „Alltag, Apokalypse, Autonomie" gezeigt.

Museum Humpis-Quartier
Marktstraße 45, 88212 Ravensburg – +49 (0)751/82820
mhq@ravensburg.de – www.museum-humpis-quartier.de
museumhumpisquartier
Öffnungszeiten: Di. – So. 11-18 Uhr
Preise: Erwachsene 7,- / Kinder frei und Ermäßigungen siehe Webseite

Fabrikverkauf Tekrum Kambly

RAVENSBURG

In Ravensburg warten so manche Versuchungen auf Sie, und eine davon ist Tekrum Kambly. Hinter Tekrum steht der Name des Gründers, des Konditors Theodor Krumm, der 1897 seine Konditorei in Ravensburg gegründet hat. Sein Erfolgsrezept war eine versehentlich verlaufene Makronenmasse, die der sparsame Schwabe kurzerhand mit Cremefüllung bestrich und in Schokolade tauchte - geboren war die Tekrum-Mandelmakrone! Das Familienunternehmen Kambly, ein gefeierter Feingebäckhersteller der Schweiz, übernahm die Produktionsstätte in Ravensburg. Das Angebot des heutigen Fabrikverkaufs umfasst auch Marken wie Lindt, Griesson, DeBeukaer oder Ritter Sport. Da nimmt der Appetit schnell überhand – gut, dass es eine Café-Ecke gibt.

Fabrikverkauf Tekrum Kambly
Verkauf am Werk: Schwanenstraße 94;
Fabrikverkauf Innenstadt: Bachstraße 31, 88214 Ravensburg – ☏ +49 (0)751/3763271
✉ fabrikverkauf@kambly.de – 🏠 www.kambly.de – 📷 kambly_sa
Öffnungszeiten: Siehe Webseite

Rutenfest

RAVENSBURG 🇩🇪

Das Rutenfest in Ravensburg ist eines der ältesten und größten Heimatfeste der Region und dauert 5 Tage an. Es findet jedes Jahr im Sommer zum Schuljahresende statt und lockt Zehntausende von Besuchern und Besucherinnen in die festlich geschmückte Stadt. Höhepunkt ist der große Festumzug mit Schülern in historischen Zunft-Gewändern, Blaskapellen und Trommlergruppen. Auch Aufführungen des Ruten-Theaters und Wettspiele wie Armbrust- und Bogenschießen stehen auf dem Programm. Für Ortsansässige, aber auch für Touristen ist das Spektakel der alljährliche Gipfel des Stadtgeschehens.

Das Fest ist tief in der Historie verwurzelt und hat seine Ursprünge bereits im 17. Jahrhundert. Über die Bedeutung der Rute scheiden sich die Geister. Ob der Name auf die Zeit der Pest zurückgeht, wo man sich nur mit einer Rute die Hand gegeben hätte, oder ob es um das einstmalige Rutenschneiden durch Schüler geht, die ihre eigenen Züchtigungsinstrumente für das Folgejahr herstellen durften? Oder steht die Rute für die Beherrschung von Latein, wie sie in der mittelalterlichen Symbolik vorkam? Feststeht lediglich, dass immer noch die Schüler im Fokus des Festes stehen, was freilich nichts daran ändert, dass bei diesem Trubel zwischen Fahnen und Fanfaren Spaß für alle Altersgruppen angesagt ist.

Rutenfestkommission Ravensburg e.V.

Schützenstrasse 45, 88212 Ravensburg – 📞+49 (0)751/25307

✉ info@das-rutenfest.de – 🏠 www.das-rutenfest.de – 📷 rutenfest_ravensburg

Öffnungszeiten: Nächster Termin: 19.–23. Juli 2024

Preise: Festabzeichen ca. 5,- bis 8,-

Stadt Weingarten
WEINGARTEN 🇩🇪

Foto: © Daniel Gonzalez

Weingarten ist eng mit seiner Nachbarstadt Ravensburg zusammengewachsen. Auch hier gibt es Spuren von alten Burgen, von denen jedoch nicht viel mehr als eine Ahnung erhalten geblieben ist. Deutlich interessanter ist die beeindruckende Basilika St. Martin, die Klosterkirche der Abtei Weingarten und größte Barockkirche nördlich der Alpen. Sie blickt vom Martinsberg auf die Stadt herab und ist ein Memorial der Heilig-Blut-Reliquie. Ihr zu Ehren wird der jährliche „Blutritt" von Weingarten veranstaltet, einen Tag vor Christi Himmelfahrt. Besondere Aufmerksamkeit sollte man den berühmten Deckenfresken und der Barockorgel der Basilika schenken. Auch die Museumswelt der Stadt darf man nicht auslassen. Ob mittelalterliche Siedlungsgeschichte im Alamannenmuseum, religiöses Leben im Museum für Klosterkultur oder Historisches, Kurioses und Kulturelles im Stadtmuseum im Schlössle – das Museumsangebot ist von zentraler Bedeutung für Weingarten.

Tourist-Information Weingarten

Münsterplatz 1, 88250 Weingarten – 📞 +49 (0)751/405232
✉ akt@weingarten-online.de – 🏠 www.weingarten-online.de
📷 stadtmarketing_weingarten

Gemeinde Langenargen
LANGENARGEN 🇩🇪

Langenargen ist ein Kur- und Erholungsort direkt am See. Die Gemeinde liegt zwischen Friedrichshafen und Lindau, und sie hat eine der längsten Uferpromenaden am Bodensee. Geschmückt mit Blumenbeeten und umgeben von Obstplantagen, erfreut Langenargen die stadtmüden Augen. Mit Gemeindehafen und historischem Ortskern samt Schloss putzt sich die Seegemeinde heraus – obwohl das 1250. Jubiläum bereits letztes Jahr war, trägt Langenargen sein Festtagsgewand auch im Alltag. Perfekt ist die Gemeinde für Erholungssuchende, und diejenigen, die naturverbundenen Sport wie Wandern, Spazieren, Segeln oder Surfen lieben. Dadurch ist Langenargen gleichzeitig für aktive und erlebnisreiche Bodenseeferien geeignet, als auch zum Erholen und Kraft tanken. (K)urlaub vom Feinsten!

Tourist-Information Langenargen
Obere Seestraße 2/1, 88085 Langenargen – ☎ +49 (0)7543/9330-92
✉ touristinfo@langenargen.de – 🏠 www.langenargen.de
📷 langenargen_am_bodensee

Museum Langenargen
LANGENARGEN 🇩🇪

In den über 1200 Jahren, seit Langenargen urkundlich erwähnt ist, haben sich viele künstlerische Schätze angesammelt, die ihren Weg ins Museum Langenargen gefunden haben. Die Barockmaler Maulbertsch und Brugger und der besondere Star der Sammlung, Hans Purrmann, aber auch einige andere Künstler haben zu dem bunten Sammelsurium beigetragen, das verschiedene Stile und Epochen umfasst. Die Verbindung zu Langenargen und zum See begleitet einen durch die Ausstellung, die Sonderausstellungen sind immer wieder beachtenswert - Die richtige Mischung machts.

Museum Langenargen
Marktplatz 20, 88085 Langenargen – ✉ info@museum-langenargen.de
🏠 www.museum-langenargen.de – 📷 museum_langenargen
Öffnungszeiten: Di.–So. und feiertags 14-18 Uhr,
saisonale Änderungen siehe Homepage
Preise: Erwachsene 5,- / Kinder unter 18 frei und Ermäßigungen siehe Homepage

Schloss Montfort
LANGENARGEN 🇩🇪

Es war einmal, im Jahre 1866, da erhob sich das Märchenschlösslein Montfort, nachdem ihm die alte Ruine auf Geheiß Wilhelms I. gewichen war. Das maurisch gestaltete Schloss liegt noch heute auf einer kleinen Halbinsel im Bodensee und ist, wie könnte es auch anders sein, zum Wahrzeichen Langenargens geworden. Trotz des maurischen Stils fallen klassizistische Elemente sowie die mittelalterlichen Burgzinnen ins Auge. Für die beste Aussicht lohnt sich eine Turmbesteigung, die von Mai bis September auch im Abendrot stattfindet und umso romantischer ist.

Schloss Montfort
u. Seestraße 3, 88085 Langenargen
Kontakt über Tourist-Information Langenargen
Öffnungszeiten: Turm: ab 2. Apr. Und ab 4. Okt.: 11-16 Uhr, ab 1. Mai: 10-17 Uhr
Preise: Turmbesteigung: Erwachsene 2,- / Kinder 3,-

ÖSTLICHER BODENSEE · ERHOLUNG & GENUSS · HOTELS & FERIENWOHNUNGEN

Hotel Seevital
LANGENARGEN DE

Das Seevital in direkter Nachbarschaft zum Schloss Montfort gehört zu den Top-Hotels am Bodensee. 2020 ist dank Küchenchef Roland Pieber der heiß begehrte Michelin-Stern über dem Restaurant „SEO Küchenhandwerk" aufgegangen. Kaum ein Gast, der den jungen Sternekoch nicht hymnisch lobt. Und dies zu Recht, denn seine Handwerkskunst ist meisterhaft und seine Experimentierfreudigkeit einfach bemerkenswert. Auch der persönliche Kontakt zu seinen Gästen erfreut den Gourmet, was aufgrund der kleinen Tischzahl besonders gut funktioniert. Nach acht Gängen (Überraschungsmenü!) und ausgiebiger Inanspruchnahme einer großartigen Weinkarte übernachtet der Genießer vor Ort in dem frisch renovierten Vier-Sterne-Haus samt Spa und tollem Frühstück. An der Rezeption können Sie außerdem eine Yacht chartern.

Seevital
Marktplatz 1, 88085 Langenargen – +49 (0)7543/93380
info@seevital.de – www.seevital.de
Öffnungszeiten: SEO Küchenhandwerk: Mi.–Sa. 18–23 Uhr
Preise: DZ ab 208,-

Gemeinde Kressbronn
KRESSBRONN 🇩🇪

Kressbronn liegt am Nordufer des Bodensees, kurz vor der bayrischen Grenze. Die Gemeinde ist der etwas größere Zwilling von Immenstaad: Die Entfernung zu Friedrichshafen ist fast gleich, nur auf der spiegelverkehrten Seite, die Gemeinde ist bekannt für ihre Apfelplantagen und den Weinanbau, und es gibt hier den zweiten Ableger des Abenteuer-Hochseilgartens. Doppelt hält eben besser! Auf den Jubiläumsweg Bodenseekreis, der am Bahnhof von Kressbronn beginnt, kann man über Meckenbeuren und Markdorf bis nach Überlingen wandern und die Umgebung erkunden, aber auch der Bodensee Rad- oder Rundweg verlaufen durch die Seegemeinde. Auf dem Bauernpfad und in der historischen Hofanlage Milz kann man in die Landwirtschaft eintauchen, und als Krönung gibt es das Kressbronner Schlössle im hübschen Park und seine liebevolle Ausstellung von Schiffsmodellen.

Amt für Tourismus, Kultur & Marketing Kressbronn a. B.
Nonnenbacher Weg 30, 88079 Kressbronn a. B. – ☎ +49 (0)7543/96650
✉ tourist-info@kressbronn.de – 🏠 www.kressbronn.de – 📷 kressbronnambodensee

AbenteuerPark Kressbronn
KRESSBRONN DE

Möchten Sie dem Beispiel von Indiana Jones folgen und sich auf ein geschichtsträchtiges Abenteuer einlassen? Dann bietet der Abenteuerpark Kressbronn die Gelegenheit. Sieben Seilparcours führen durch lebende Bäume in 4–8 m Höhe. Der Naturkletterwald am östlichen Bodensee birgt kreative Aufgaben und vielseitige Herausforderungen, zum Beispiel im Themenbereich „Auf den Spuren von Indiana Jones". Ein mitlaufendes Sicherungssystem, welches kein Umhängen mehr erfordert, sorgt dafür, dass man sich auf die einzelnen Herausforderungen konzentrieren kann (Für alle Fälle hat ein echter Indiana Jones aber natürlich noch sein Lasso dabei).

Seit 2016 gibt es zwei Kids-Parcours mit jeweils 30 Stationen. Jetzt gilt das Klettern auch für Kinder ab 3 Jahren. Speziell für die Allerkleinsten wurden die Parcours bis ins Detail kindgerecht gebaut. Eltern begleiten Ihre Kinder vom Boden aus.

AbenteuerPark Kressbronn

Im Eichert 6, 88079 Kressbronn – +49 (0)7543/9669573

www.abenteuerpark.com

Öffnungszeiten: Sa.–So. 10-18 Uhr, saisonale Änderungen siehe Homepage
Preise: Erwachsene 29,- / Kinder 23,- und Ermäßigungen siehe Homepage

Museum für Historische Schiffsmodelle

KRESSBRONN 🇩🇪

Alle Mann an Bord, der Kus geht zum Museum für historische Schiffsmodelle! Direkt im Schlößlepark von Kressbronn am Bodensee liegt das kleine Museum mit Schiffsmodellen des gelernten Schiffsbauers Ivan Trtanj. Der Kressbronner Künstler hat in jahrzehntelanger, akribischer Feinstarbeit eine ganze Reihe originalgetreuer Modelle aus erlesenen Hölzern geschnitzt – etwas besessen vielleicht, aber höchst bewundernswert. Angefangen von der „Bodensee-Lädine" (Segner) über die legendäre „Bounty", bis hin zur königlichen Prunk-Barken hat Trtanj sie eigenhändig gefertigt und getakelt. Durch die Schnitzereien kann man in eine ganze Seefahrt-Epoche eintauchen. Land ist natürlich auch in Sicht: Einen Abstecher in den ringsum gelegenen Schlößlepark sollte man sich nicht entgehen lassen!

Museum für Historische Schiffsmodelle

Seestraße 20, 88079 Kressbronn – ☏ +49 (0)7543/547460

🏠 www.historische-schiffsmodelle.com

Öffnungszeiten: Di.–So.: 10–12 und 15–18 Uhr, Winterpause s. Webseite

Preise: Erwachsene 3,– / Kinder bis 12 frei und Ermäßigungen siehe Homepage

Foto: © Andy Heinrich

ÖSTLICHER BODENSEE · ERLEBNISSE · WASSERSPASS, WELLNESS, SAUNA

SUP- und Surfschule
WASSERBURG

Fans von Wassersport, und alle, die es noch werden möchten, müssen den Bodensee-Urlaub einfach lieben. Wer Wasserburg als Ferienziel auserkoren hat, findet bei der SUP- und Surfschule im Strandbad Aquamarin die passenden Kurse und Ausstattungen. Das tägliche Kursangebot oder der Verleih von Stand Up Paddel Boards, Windsurfequipment, Kajaks, Tretbooten und trendigem Wing Surfing locken aufs Wasser. Jede Menge Spaß ist garantiert – Bei Wunsch auch wundervolle Genießer-Stunden auf dem Bodensee beim SUP Picknick oder SUP Frühstück, wo es Board und Wasservergnügen gleich im XXL-Format gibt.

SUP- und Surfschule im Freibad Aquamarin

Reutener Str. 12, 88142 Wasserburg – ☏ +49 (0)177/7744330

⌂ www.surfschule-wasserburg.de – ⌾ surfschule_wasserburg

Öffnungszeiten: April – Oktober täglich 10-20 Uhr

Preise: Je nach Dauer, Leihprodukt, Kurs- oder Sportart – Details siehe Webseite

ÖSTLICHER BODENSEE — ERLEBNISSE — WASSERSPASS, WELLNESS, SAUNA

Freibad Aquamarin Wasserburg
WASSERBURG DE

Freibad, Strandbad oder Therme? – Am besten einfach kombiniert, wie im Freibad Aquamarin. Vom beheizten Schwimmerbecken aus betrachtet man den See und die Berge. Die Gänsehaut bekommt man nicht von der Wassertemperatur, sondern von der imposanten Aussicht! Im benachbarten Kinder- und Jugendbecken mit einer 15 m langen Rutsche und Wasserpilz ist Platz zum Spielen und Toben. Für noch kleinere Gäste ist „Augustins Kinderland" reserviert, ein in die Landschaft integrierter Spielbach mit Fontäne, Kaskaden, Rutsche, Hängematten und anderen Spielgeräten. Auf dem See wartet ein Badefloß mit Blick auf die Wasserburger Halbinsel und die Bergwelt der Schweizer und Österreicher Alpen.

Tipp: Dieses Freibad hat auch bei schlechtem Wetter geöffnet, an kühleren Tagen punkten die Wärmehalle und das beheizte Außenbecken!

Aquamarin Wasserburg

Reutener Str. 12, 88142 Wasserburg – ☎ +49 (0)8382/25187
⌂ www.aquamarin-wasserburg.de – ⓘ aquamarin_wasserburg_freibad
Öffnungszeiten: Mai 10–19 Uhr, Juni-August 9.30–20 Uhr, bis 18. Sept. 10.30–19 Uhr
Preise: Erwachsene 5.50,- / Kinder 2,- und Ermäßigungen siehe Webseite

Stadt Lindau
LINDAU 🇩🇪

Nett hier, aber waren Sie schon mal in Baden Württemberg? Spaß beiseite: Die bayrische Bodensee-Stadt Lindau muss sich beileibe nicht verstecken. Ihre Lage ist wunderbar: Ganz am östlichen Ende des Bodensees, als letzte deutsche Bodenseestadt, unmittelbar an Österreich und zugleich nicht weit von der Schweiz. Das macht Lindau zum idealen Ausgangspunkt des Bodensees, wenn man das Länderdreieck kennenlernen möchte. Die märchenhafte Altstadtinsel, die steinerne Löwenfigur als Symbol Bayerns, die auf das Wasser schaut und die Besucher begrüßt, dazu der Leuchtturm, der sich im See spiegelt – das ist Lindau, wo einen die Wahrzeichen schon am Hafen empfangen.

Vom Leuchtturm aus kann das Türmchen-Hopping gleich weitergehen, und zwar zum mittelalterlichen Mangturm, seinem Vorgänger, der aus dem 12. Jahrhundert stammt und als Wach- bzw. Signalposten diente. Dann wäre da noch der Pulverturm, ein Wehrturm und späteres Pulverlager, wo sich Graf Zeppelin und andere Prominenz die Ehre gaben. Mitten in der Stadt und auf deren höchstem Punkt verbirgt sich dann noch der Diebesturm, der ebenfalls auf eine Zeit als Wachturm zurückblickt. Auch wenn er mit seinen filigranen Turmspitzen eher nach Rapunzel aussieht, behält der Name Recht, denn er wurde lange als Gefängnis benutzt. Kulturell stechen in der Stadt Lindau das Theater und die darin untergebrachte Lindauer Marionettenoper hervor.

Tourist-Information Lindau
Alfred-Nobel-Platz 1, 88131 Lindau – ☎ +49 (0)8382/8899900
✉ info@lindau-tourismus.de – 🏠 www.lindau.de – 📷 lindau_bodensee

Lindauer Marionettenoper
LINDAU 🇩🇪

Fotos: © Christian Flemming

Wer für ein Kulturereignis der herzerwärmenden Sorte zu haben ist, sollte sich eine Karte für die Lindauer Marionettenoper im Stadttheater besorgen. Die Lieblichkeit und filigrane Ästhetik der Puppen ist kaum zu übertreffen. An unsichtbaren Fäden schweben sie über die Bühne und überraschen mit ihren komplexen Bewegungsabläufen und Choreographien. Hier können Sie Zeuge davon werden, wie Materialien wie Holz, Faden, Schrauben, Stoff und Farbe echtes Leben eingehaucht wird, und wie ein vermeintliches Spielzeug zu etwas Wunderschönem wird. Von dem Geschick der Puppenspieler, die die komplexe Steuerung der Marionetten meisterhaft beherrschen und Ihnen regelrechte Emotionen schenken, ganz zu schweigen. Zum Repertoire der Marionettenoper gehören unter anderen die Zauberflöte, Schwanensee, Hänsel und Gretel, la Traviata und Doktor Faust.

Lindauer Marionettenoper im Stadttheater

Fischergasse 37, 88131 Lindau – 📞 +49 (0)8382/9113915

✉ info@marionettenoper.de – 🏠 www.marionettenoper.de

📷 lindauer_marionettenoper

Öffnungszeiten: Theaterkasse: Mo., Di., Do. 10-13.30 und 15-17 Uhr, Fr.-Sa. 10-13.30

Preise: Erwachsene 27-32,- / Kinder 20,- und Ermäßigungen siehe Webseite

Kunstmuseum am Inselbahnhof
LINDAU DE

Das Kunstmuseum Lindau hat gleich bei seiner Eröffnung die Messlatte hoch gelegt, denn niemand Geringeres als Friedensreich Hundertwasser durfte das Debüt geben. Seitdem haben hier Künstler Platz gefunden, deren Namen auch die kunstscheuesten Menschen kennen: Von Picasso bis zum Pop Art Künstler Andy Warhol, der 2023 die Bühne des Kunstmuseum betreten durfte und die Beziehungen von Kunst, Kult und Kommerz neu verhandelt hat. Es bleibt also spannend, welche Sonderausstellungen und Künstler-Ikonen hier in den nächsten Jahren die Thronfolge antreten – zumal die Tore des Lindauer Stadtmuseums noch wegen Sanierung geschlossen sind.

Kunstmuseum am Inselbahnhof
Maximilianstr. 52, 88131 Lindau – ☎+49 (0)8382/274747850
✉ museum@lindau.de – ⌂ www.kultur-lindau.de – ◉ museum_lindau
Öffnungszeiten: täglich 10–18 Uhr (bis 15. Okt.),
Änderungen und Details siehe Webseite
Preise: Erwachsene 10,- / Kinder 3.50,- und Ermäßigungen siehe Webseite

Gitzenweiler Hof
LINDAU 🇩🇪

Vor den Toren Lindaus, inmitten von Wäldern, Wiesen und Weihern, liegt der Gitzenweiler Hof. Naturerlebnis und Edelcamping müssen sich nicht ausschließen, denn der Gitzenweiler Hof ist ein 5-Sterne-Campingpark für angenehmen Outdoor-Luxus – fragen Sie nicht nach Widersprüchen, sondern packen Sie die Reisetasche und sehen Sie selber nach.

Wer keinen eigenen Wohnwagen besitzt oder erst das Neubeginner-Level im Camping hat, kann sich im Gitz problemlos einen vollausgestatteten Wohnwagen, ein behagliches Tiny-Haus oder eine Ferienwohnung mieten. Die Gastronomie hat bayerisch-schwäbische und italienische Küche sowie Gegrilltes im Repertoire.

Tipp: Schauen Sie bei Interesse online nach den „Gitz-Hits", hier finden sich immer wieder Spezialangebote.

Campingpark Gitzenweiler Hof

Gitzenweiler 88, 88131 Lindau – ☏ +49 (0)8382/9494-0
✉ info@gitzenweiler-hof.de – 🏠 www.gitzenweiler-hof.de – 📷 gitzenweilerhof

Einkaufszentrum Lindaupark
LINDAU 🇩🇪

Foto: © Werbegemeinschaft des Einkaufszentrums Lindaupark GbR

Ob Kleidung, Multimedia, Haustechnik, Pflege- oder Heimprodukte: In den 40 Shops des Lindauparks kann man fündig werden. „Bewegung am See" verspricht das Einkaufszentrum in seinem Slogan, und wird diesem auch regelmäßig gerecht – ganz besonders, wenn beim Sale die Preise taumeln und die Jagd beginnt. Für die Raubtierfütterung gibt es einen vielseitigen FoodPark für Fritten-Freunde, Rohkost-Puristen, Kuchen-Kulinariker und Pizza-Profis. Manchmal finden auch besondere Events wie etwa ein großer Shopping-Contest statt, bei dem nach dem Vorbild von „Shopping-Queen" ein Shopping Star gesucht wird - aber keine Sorge, ein solcher kann man hier auch ohne Event werden.

Lindaupark
Kemptener Str. 1, 88131 Lindau – ☏+49 (0)8382/277560
✉ info@lindaupark.de – 🏠 www.lindaupark.de – 📷 lindaupark_shopping
Öffnungszeiten: Mo.-Sa. 8.30-20 Uhr

Yachthotel Helvetia
LINDAU 🇩🇪

Eines der luxuriösesten Wellness-Domizile der Umgebung ist das Yachthotel Helvetia direkt am Hafen. Auf anspruchsvolle Gäste warten verschiedene Themensuiten mit direktem Seeblick und großer Badewanne, ein unschlagbares Bio-Vital-Frühstücksbuffet, ein modernes Gym und ein Wellnessbereich der Extraklasse. Der Spa-Bereich bietet nicht nur eine Dachgartenlounge mit Sauna, sondern auch Innen- und Außenpools, einen beheizten Infinity-Pool, Whirlpools, Dampfbäder und wohltuende Anwendungen. Mit dem Schweizer Restaurant „La Mommerie" besitzt das Hotel auch ein kulinarisches Highlight der Stadt. Neben fangfrischen Fischen und regionalen Bioprodukten genießt man hier ausgesuchte Bodenseeweine.

Helvetia YachtHotel

Inselgraben 3, 88131 Lindau – ☏ +49 (0)8382/9130

✉ info@hotel-helvetia.com – 🏠 www.hotel-helvetia.com – 📷 wellnesshotelhelvetia

Preise: DZ ab 139,-

Deutsches Hutmuseum Lindenberg
LINDENBERG 🇩🇪

In diesen Hallen der Hutkunde können Sie alles über die Hutstadt Lindenberg lernen, welche einstmals Häupter aus aller Herren Länder bekleidete. Im Hutmuseum erfahren Sie unter anderem, was ein Haifisch oder Pferdehändler mit Kopfbedeckungen am Hut haben oder was für kuriose Auswüchse 300 Jahre Hutmode hervorzauberten. Natürlich können Sie hier auch nach Herzenslust Hüte aufprobieren und Ihren eigenen Hut finden. Apropos Hüte und Lindenberg: Auch Udo Lindenberg trägt seinen Hut aus Lindenberg. Der scheint beinahe schon an ihm angewachsen zu sein und wird von der Firma Mayser hergestellt (Den Udo-Hut kann man immer noch in Originalversion erwerben).

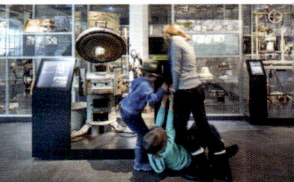

Deutsches Hutmuseum Lindenberg
Museumsplatz 1, 88161 Lindenberg i. Allgäu – ☎+49 (0)8381/92843-20
✉ hutmuseum@lindenberg.de – 🏠 www.deutsches-hutmuseum.de
📷 deutscheshutmuseum
Öffnungszeiten: Di. –So. 9.30–17 Uhr
Preise: Erwachsene 7,- / Kinder 2,- und Ermäßigungen siehe Webseite

Stadt Scheidegg
SCHEIDEGG 🇩🇪

Die rauschenden Wasserfälle und die Wärme der Sonne… Ja, auf der „Sonnenterrasse" Scheidegg zwischen dem Bodensee und den Alpen kann man es sich gut gehen lassen. Eine wilde Fluss- und Schluchtenlandschaft, die drei Scheidegger Wasserfälle und die Alpengipfel versuchen sich hier gegenseitig auszustechen. Wem das Naturgeotop „Rohrschachschlucht" schon beinahe unrealistisch erscheint, kann sich auch unmittelbar auf den Märchenpfad begeben und dem Alltag endgültig entrücken. Die Sonnenseite des Allgäus bietet sich auch für eine aktive Freizeitgestaltung an und ist ein Eldorado für Wanderer, Radler und Golfspieler. Familien können den skywalk oder den Reptilienzoo besuchen.

Scheidegg-Tourismus
Rathausplatz 8, 88175 Scheidegg – ☏+49 (0)8381/895-55
✉ info@scheidegg.de – ⌂ www.scheidegg.de – ⃝ scheidegg.allgaeu

skywalk allgäu Naturerlebnispark
SCHEIDEGG

Einfach himmlisch! Im skywalk Allgäu kann man sich in luftige Höhen begeben und auf einem modernen Baumwipfelpfad in bis zu 40 Metern Höhe die Allgäuer Berge, den Bodensee, den Himmel und den Wald im Gesamtpaket überblicken. Und eine Attraktion kommt natürlich selten alleine. Denn auch ebenerdig kann man den Wald erkunden, zum Beispiel im Geschicklichkeitsparcours oder auf dem Barfußpfad, wo man nicht einmal mehr durch Schuhsohlen von der Natur getrennt ist. Ein Streichelzoo mit Ziegen und Schafen ist ein Bonus für die Kleinen, falls man einen Familienausflug plant.

skywalk allgäu Naturerlebnispark
Oberschwenden 25, 88175 Scheidegg
www.skywalk-allgaeu.de – skywalk.allgaeu
Öffnungszeiten: Mitte März bis 5. Nov, tägl. 10–18 Uhr
Preise: Erwachsene 14.50,- / Kinder (ab 1,0 m) 10.50,- & Ermäßigungen s. Webseite

Reptilienzoo
SCHEIDEGG 🇩🇪

Viel Reptil bevölkert den Reptilienzoo Scheidegg. Verschiedenste Schlangenarten, von der Klapperschlange über die Mamba bis hin zur Viper und Kreuzotter, lehren den Besucher das Fürchten. Allem voran der australische Inlandtaipan Oxyuranus Microlepidotus, der als giftigste Schlange der Welt bekannt ist und mit einem Biss – theoretisch – 230 Menschen ins Jenseits befördern könnte. Griechische und maurische Landschildkröten, Chamäleons, der Halsbandleguan und das Sumpfkrokodil im neuen Erweiterungsteil genießen ebenfalls die naturgetreue Terrarien- und Freilandanlage. Aber auch Nicht-Reptilisches wie die kuschelige Vogelspinne oder die anmutige Coloradokröte sind im Reptilienzoo zuhause – Dass dieser Ort genial ist, fällt nicht nur uns wie Schuppen von den Augen.

Reptilienzoo Scheidegg KG

Gretenmühle 9, 88175 Scheidegg – ✉ info@reptilienzoo-scheidegg.com

🏠 www.reptilienzoo-scheidegg.com – 📷 reptilienzooscheidegg

Öffnungszeiten: Mo.-Do und Sa.-So. 10-18 Uhr

Preise: Erwachsene 8,- / Kinder bis 14 Jahre 4.50,-

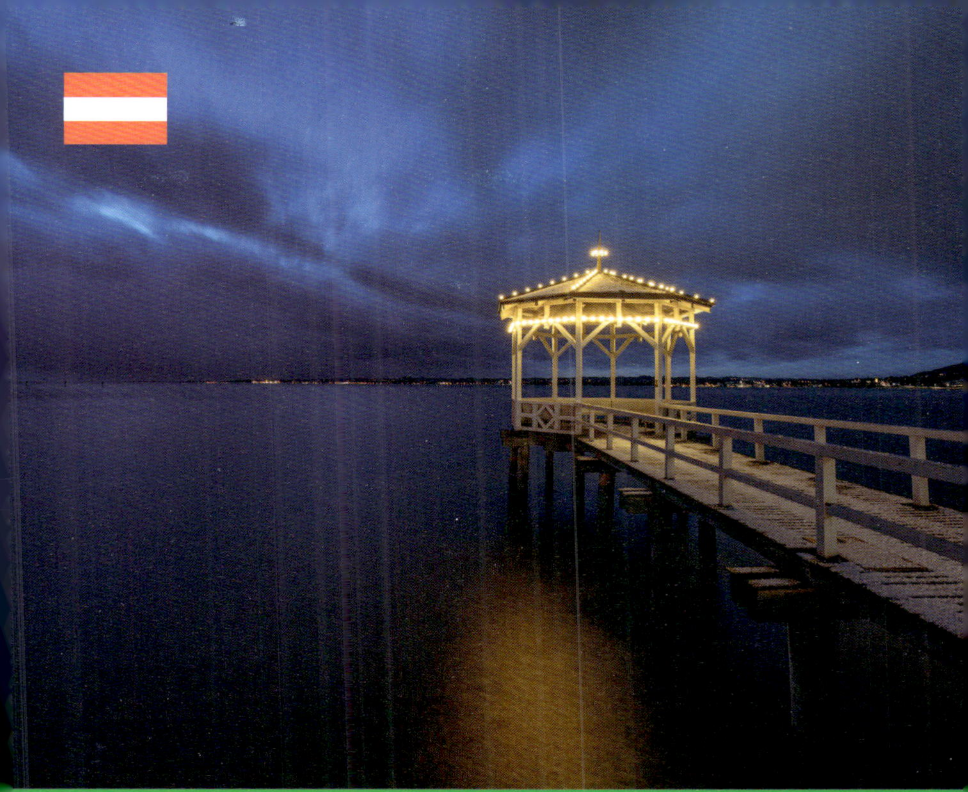

Mehr Erleben am Bodensee
in Österreich

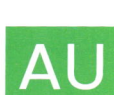

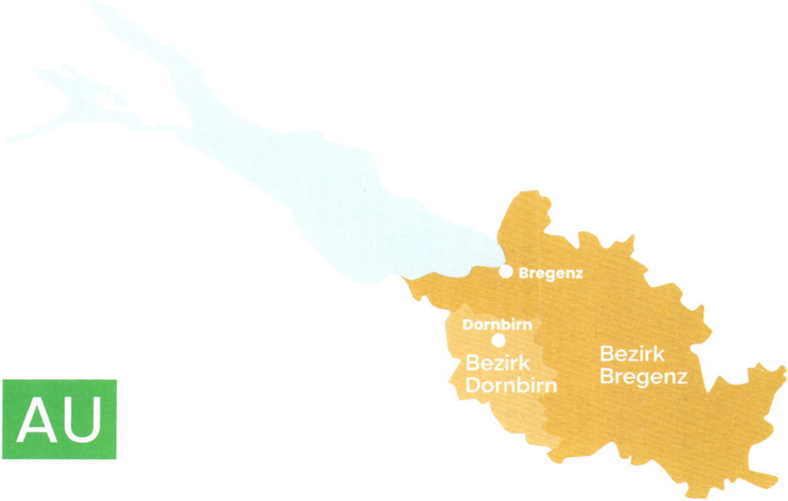

AU

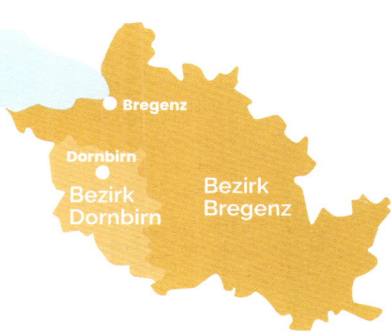

Gemeinde Eichenberg
EICHENBERG AU

Von Eichenberg aus überblickt man den Bodensee, man sieht weit in das Vorarlberger Rheintal, das Allgäu und bei guter Sicht kann man sogar Konstanz erblicken. Der Schweizerische Gebirgszug Säntis fesselt den Blick ebenso wie die Orte Lindau und Bregenz. Was sich den Augen darbietet, können Sie über ein weit verzweigtes Wanderwegnetz, das entlang von Bächen, über grüne Wiesen und Wälder führt, erkunden. Eichenberg ist ein verträumtes Bergdorf mit unversehrt betriebener Landwirtschaft, zwei Sennereien und Hotels, Gasthäusern und Hofläden. Auf kulinarischer Seite bestechen der würzige Bergkäse und die regionalen Spezialitäten der Gastronomiebetriebe. Ein Bogenparcours aus drei verschiedenen Geländeformen und mit lebensechten Tiernachbildungen sowie ein Käse-Lehrpfad rund um lokale Käsespezialitäten bis zur Biotopvielfalt in Eichenberg bringen die Besucher der Natur und Landwirtschaft der Region näher.

Eichenberg Tourismus
Dorf 53, 6911 Eichenberg – ☏ +43 (0)5574/42695
✉ tourismus@eichenberg.at – ⌂ www.eichenberg.at

Stadt Begrenz
BREGENZ AU

Die Stadt Bregenz im schönen Vorarlberg könnte ein harmloser Besuchermagnet sein, hätte sie nicht ein überdimensionaler Marionettenkopf beherrscht, in dessen Schlund einige Menschen, insbesondere Opernsänger, verschwunden sind. Ein Glück, dass das Bühnenbild jede Saison wechselt und 2024/5 japanischen Flair nach Bregenz bringen soll. Der Anblick ist es auf alle Fälle wert, denn das Bregenzer Festspielhaus ist die größte Seebühne der Welt und der Inbegriff lebendiger, außergewöhnlicher Architektur. Obwohl Bregenz weltberühmt für seine Festspiele und als Kulturzentrum bekannt ist, hat es natürlich auch einiges mehr zu bieten. Eine lange Liste denkmalgeschützter Gebäude, das Kunsthaus und vorarlberg museum, der größte österreichische Bodenseehafen und der stolze Hausberg, der Pfänder, sprechen für abwechslungsreichen Bodenseegenuss.

Bregenz Tourismus & Stadtmarketing
Rathausstraße 35a, 6900 Bregenz – +43 (0)5574/49590
tourismus@bregenz.at – www.visitbregenz.com – visitbregenz

Pfänder
BREGENZ 🇦🇹

Vorarlberg ist ein erstklassiges Reiseziel für alle, die gerne Bergluft schnuppern. Der Pfänder mit über tausend Höhenmetern sticht als Hausberg von Bregenz besonders hervor. Er verspricht viel Natur und einen Rundblick auf 240 Alpengipfel und den Bodensee. Familien freuen sich über den Spielplatz an der Bergstation, sowie über den angrenzenden und eintrittsfreien Alpenwildpark, wo sich Hirsche, Steinböcke, Wildschweine, und Mufflons tummeln. In der Sommersaison grüßt hier täglich auch das Murmeltier, unser heimlicher Favorit. Für Kinder gibt es darüber hinaus eine Riesenwaldrutsche und eine Spielewand, im Winter dagegen ist der Pfänder der „Place to be" fürs Rodeln. Ausruhen lässt es sich auf der Rheintal-Aussichtsterrasse mit ihren Wellnessbänken. Ob man eine gemütliche 30-minütige Rundwanderung durch den Wildpark, den lehrreichen Käsewanderweg oder eine sportliche Tour vom Tal bis zur Bergspitze wählt – der Pfänder ist wie gemacht für eine Landschaftserkundung.

Pfänderbahn AG

Steinbruchgasse 4, 6900 Bregenz – ☎ +43 (0)5574/42160-0
✉ office@pfaenderbahn.at – 🏠 www.pfaenderbahn.at – 📷 pfaenderbahn
Öffnungszeiten: Fahrten tägl. 8-19 Uhr, Betriebsruhe siehe Webseite
Preise: Einfache Fahrt (April bis März): Erwachsene 10,- / Kinder ab 5,-

vorarlberg museum
BREGENZ AU

Das vorarlberg museum macht mit abwechslungsreichen Ausstellungen, unterschiedlichen Themenfeldern und einem bunten Spektrum an Veranstaltungen auf gesellschaftliche Debatten aufmerksam, aber auch auf die historischen und kulturellen Facetten von Bregenz, Tirol und Vorarlberg. Seit über 150 Jahren werden Vorarlbergs Geschichte und ihre künstlerischen und volkskundlichen Zeugnisse hier gehütet. Der Museumsbau ist selbst schon eine Besonderheit und gewann durch die geschickte Zusammenfügung von Alt- und Neubau einen wichtigen architektonischen Wettbewerb. Die kleinen Betonblumen an der Außenfront bestehen erstaunlicherweise aus Plastikflaschen – Recycling mal anders!

vorarlberg museum
Kornmarktplatz 1, 6900 Bregenz – +43 (0)5574/46050
info@vorarlbergmuseum.at – www.vorarlbergmuseum.at
Öffnungszeiten: Di.–So. 10–18 Uhr, Do. 10 – 20 Uhr
Preise: Erwachsene 10,- / Kinder frei und Ermäßigungen siehe Webseite

Foto: © Markus Tretter

Bregenzer Festspiele
BREGENZ AU

Foto: © Bregenzer Festspiele / Ralph@Larmann.com

Jedes Jahr, zwischen Juli und August, wachsen die Menschenmengen in Bregenz exponentiell an – und allesamt pilgern sie zur Seebühne, denn es ist wieder Zeit für die Festspiele. Opernaufführungen höchster Qualität und ein über Österreich hinaus renommiertes Spektakel: Worte lassen sich viele finden, doch die Bregenzer Festspiele muss man gehört und gesehen haben. Wenn auf das Raunen in den voll belegten Besucherreihen gespannte Stille folgt und hunderttausende Augen auf das immer wieder verblüffende Bühnenbild auf dem See gerichtet sind – dann fühlt man eine Art von Magie. Und plötzlich löst sich die Anspannung in Lachen auf, wenn „Put down your mobile" in der perfekten Tonlage von „Donna è mobile" gesungen wird. Ob es sich beim Bühnenbild um gigantische Füße, Hände, einen ganzen Kopf oder außerirdisch anmutende Abstraktion handelt - Die Festspiele bleiben sich treu, indem sie mit immer neuen Einfällen überraschen. 2024/5 steht Carl Maria von Webers „Der Freischütz" auf dem Spielplan.

Bregenzer Festspiele GmbH
Platz der Wiener Symphoniker 1, 6900 Bregenz – +43 (0)5574/407-6
www.bregenzerfestspiele.com – bregenzerfestspiele
Preise: je nach Datum und Kategorie, Kartenbuchung über Webseite oder Telefon

Kunsthaus Bregenz
BREGENZ AU

Der Schwerpunkt des Kunsthauses Bregenz (KUB) liegt auf Architektur, Kultur, Rauminstallation und Gegenwartskunst, oft in besonderem Hinblick auf ihre Schnittpunkte. Die Sammlung ist kontinuierlich gewachsen und immer internationaler geworden. Viele der wechselnden Ausstellungen sind speziell für die Räumlichkeiten des Hauses entworfen. Bis zum Februar 2024 wird die Ausstellung „Solange Pessoa" gezeigt. Der brasilianischen Künstlerin geht es um die Wirkung, um Achtsamkeit, Andacht und um die Materialien selbst. Dabei kommen in ihrem Schaffen verschiedene Techniken zum Einsatz: Skulptur und Installation, Zeichnung und Malerei, und sogar Text, Film oder Fotografie. Auch visuell ist das repräsentative, minimalistisch konzipierte KUB ein Highlight und stammt vom namenhaften Architekten Peter Zumthor. Durch den glasverhüllten Gebäudekörper wollte der Schweizer es „im Licht des Bodensees" erstrahlen lassen.

Foto: © Markus Tretter
Courtesy of the artist, Pinault Collection und White Cube
© Michael Armitage, Kunsthaus Bregenz

Kunsthaus Bregenz

Karl-Tizian-Platz, Postfach 45, 6900 Bregenz – ☎+43 (0)5574/48594-433
✉ kub@kunsthaus-bregenz.at – 🏠 www.kunsthaus-bregenz.at
📷 kunsthausbregenz

Öffnungszeiten: Di.–So. 10–18 Uhr, Do. 10 – 20 Uhr

Preise: Erwachsene 12,- / Kinder frei und Ermäßigungen siehe Webseite

FKK Strand Hard
HARD AU

Natur pur! Der FKK-Strand Hard liegt in einer Naturoase in der Nähe von Bregenz, wo Gewässer, Auwälder, Schilf und Wiesen das Landschaftsbild dominieren. Das Naturschutzgebiet Rheindelta ist der wohl schönste Ort, den der FKK Strand Hard sich hätte aussuchen können. Hier wird Freikörperkultur in voller Entspannung gelebt – unkompliziert, natürlich und inmitten einer ungetrübten Kulisse. Jeder, der der Enge seiner Textilien überdrüssig wird, findet an diesem Ort den Inbegriff von Freiheit. Wind und Sonne überall auf der Haut zu spüren, und die Grashalme unter den Füßen, lässt sich mit einer Wellnessbehandlung für alle Sinne vergleichen.

Mehrere Bocciabahnen, Tischtennistische, ein Beachvolleyballplatz, Grillplätze, ein Spielplatz, ein gemütliches Restaurant und viel Freiraum stehen zur Verfügung. Radfahrer, die den an der Anlage vorbeiführenden Bodensee Radwanderweg benutzen, können sich im SB-Restaurant, in dem auch ein textiler Bereich eingerichtet ist, stärken.

Hinweis: Zutritt unter 16 Jahren nur in Begleitung der Erziehungsberechtigten.

FKK Strand Hard, Harder Sport- und Freizeitanlagen BetriebsgesmbH
Im Böschen 43, 6971 Hard – +43 (0)5574/83682-30
sportundfreizeitanlagen@hard.at – www.hard-sport-freizeit.at
Öffnungszeiten: 8. Apr.– 17. Mai, 28. Aug. – 24. Sep.: tägl. 9–19 Uhr, 18. Mai – 27. Aug. bis 20 Uhr
Preise: Einzeleintritt 6,-

VORARLBERG   GENUSS   HOTELS & FERIENWOHNUNGEN

Junges Hotel
HARD AU

Wer preiswert und unkompliziert am Bodensee unterkommen möchte, ist mit der Jugendherberge Junges Hotel gut bedient. Die Unterkunft genießt eine idyllische Lage am Bodenseeufer, nur wenige Gehminuten vom Ortskern entfernt und in unmittelbarer Nachbarschaft zu Bregenz, noch dazu umgeben vom Naturschutzgebiet Rheindelta und den imposanten Bergen des Bregenzerwaldes. Für jeden Kultur-, Sport- und Naturliebhaber gibt es etwas Passendes in der Nähe. Ob Schwimmen im nahegelegen Freibad, Grillen am Seeufer, Fahrradfahren, Wandern oder einfach Spaziergänge im Naturschutzgebiet, Ausflüge nach Deutschland oder in die Schweiz – in dieser Umgebung hat man die Qual der Wahl. So kommen Sportfans auch auf der angrenzenden Sporthalle, den Fußballplätzen oder dem Skaterpark auf ihre Kosten.

Junges Hotel Hard
Allmendstraße 87, 6971 Hard – ✆ +43 (0)5574/73435
✉ info@jungeshotel-hard.at – ⌂ www.jungeshotel-hard.at – ⓘ jungeshotelhard
Preise: ca. 40,- bis 55,-

VORARLBERG   ERLEBNISSE   SCHIFFE, FÄHREN, BAHNEN

Wälderbähnle
BEZAU AU

Alleine fahren will sie nicht....drum nimmt die Bregenzerwaldbahn Besucher zwischen Bodensee und Arlberg mit, um ihnen ihre malerische Route von Bezau bis zum Bahnhof Schwarzenberg zu präsentieren. Und weils so schön war, geht es natürlich auch wieder zurück. Man fährt durch eine postkartenreife Landschaft und kommt sich vor wie in einem anderen Jahrhundert, während es mit gemächlichem Volldampf durch den Bregenzerwald geht. Wer solche alten Eisenbahnen liebt, wird mit diesem fahrenden Museum ein Bodenseeerlebnis ganz nach seinem Geschmack finden.

Wälderbähnle – Bregenzerwald – Vorarlberg
Abfahrt in Bezau – ☎+43 (0)664/4662330 – ✉ info@waelderbaehnle.at
⌂ www.waelderbaehnle.at – ◎ bregenzerwaldbahn_museumsbahn
Preise: Erwachsene ab 8.70,- (Einzelfahrt) / Kinder ab 4.50,- (Einzelfahrt), unter 6 frei

Stadtgemeinde Dornbirn
DORNBIRN AU

Foto: © buero-magma.at – Bodensee-Vorarlberg Tourismus

Vorarlbergs größte Stadt hat fast 50.000 Einwohner und schafft es damit auch landesweit knapp in die Top 10. Dornbirn ist eine junge Stadt, die Wahrzeichen sind dementsprechend eher rar gesät. Sehenswert sind der adrette Marktplatz mit der Stadtpfarrkirche und dem denkmalgeschützten Lugerhaus, ein repräsentatives Bürgerhaus, das Johann Luger als Konfektionsgeschäft nutzte, als Anfang des 20. Jahrhunderts die Textilindustrie in Dornbirn erblühte. Ebenfalls bei der Stadtpfarrkirche findet sich das Rote Haus aus dem Jahr 1639, eigentliches Wahrzeichen der Stadt, das noch heute als Gasthaus dient und von lokalpolitischer und stadtgemeinschaftlicher Bedeutung war. Der Griff Dornbirns nach dem Titel als Kulturhauptstadt Europas 2024 war leider nicht erfolgsgekrönt, doch das Kulturhaus Dornbirn und weitere Plattformen bieten Vorarlbergern Künstlern eine sehr erfolgreiche kulturelle Bühne. Wanderlustige können die Rappenlochschlucht besuchen, die bei Touristen schon lange beliebt ist und 2023 neu überbrückt wurde.

Dornbirn Tourismus & Stadtmarketing
Rathauspl. 1a, 6850 Dornbirn – ☏ +43 (0)5572/22188
✉ tourismus@dornbirn.at – 🏠 www.dornbirn.info – 📷 visitvorarlberg

VORARLBERG   ERLEBNISSE   BERGBAHNEN

Karrenseilbahn Dornbirn
DORNBIRN AU

Fahren Sie in Dornbirn niemandem an den Karren, sondern mit jemandem auf den Karren! Denn der fast 1000 m hohe Hausberg von Dornbirn garantiert einen wunderbaren Blick über Rheintal, Schweizer Berge und Bodensee. Die Karrenseilbahn bringt die Besucher in etwa 5 Minuten auf den Gipfel. Wer sich nach diesem anstrengenden „Aufstieg" erst einmal stärken will, kann das Panoramarestaurant aufsuchen. Natürlich kann man am Karren auch Spaziergänge und Wanderungen zurücklegen, wenn man die sportliche Variante bevorzugt oder die Kalorien gleich wieder abtrainieren möchte. Instagram-Fans werden unweigerlich den Selfie-Point aufsuchen, wo man auf der 12 Meter langen Karren-Kante, die über die Felswand hinausragt, einen kompletten Rundumblick festhalten kann, scheinbar aus dem Nichts heraus! Aber auch unterhalb des Gasthauses gibt es einen Aussichtspunkt mit Erlebnisfernrohr.

Tipp: Für einen romantischen Bodenseeurlaub sollte man das nächtliche Lichtermeer erleben. Deshalb fährt die Seilbahn auch zu später Stunde!

Karrenseilbahn Dornbirn
Gütlestraße 6, 6850 Dornbirn – ☎+43 (0)5572/22140
✉ karren@dornbirn.at – 🏠 www.karren.at – 📷 karrenseilbahndornbirn
Öffnungszeiten: Mo.–Sa. 9–23 Uhr, So. 9–21Uhr, Saisonänderungen siehe Homepage
Preise: Einzelfahrt Erwachsene 9.60,- / Kinder 4.80,- und weitere Tarife s. Homepage

Foto: © Petra Rainer

inatura – Erlebnis Naturschau Dornbirn

DORNBIRN 🇦🇹

Die inatura - Erlebnis Naturschau Dornbirn ist ein bekanntes Highlight der Stadt und ein geeignetes Familienziel. Ein Naturmuseum der anderen Art, in dem es gerade nicht ums anschauen oder lesen, sondern ums berühren, ausprobieren und mitmachen geht – Eben ein Ort, um mehr zu erleben. Die interaktive Reise führt durch die für Vorarlberg typischen Lebensräume Gebirge, Wald und Wasser. Am Ende kann man sogar im wahrsten Sinne des Wortes in sich gehen: inatura macht den menschlichen Körper begehbar. Auf dem Weg durch die Dauerausstellung begegnet man außerdem historischer Industriearchitektur und ergründet an den Science Zones technische und physikalische Phänomene. Kurzum: Hier kann man das Leben erleben!

inatura – Erlebnis Naturschau Dornbirn
Jahngasse 9, 6850 Dornbirn – 📞 +43 (0)5572/23235-0
🏠 www.inatura.at – 📷 inatura_dornbirn
Öffnungszeiten: täglich 10 - 18 Uhr
Preise: Erwachsene 12.20,- / Kinder 6.10,- und Ermäßigungen siehe Homepage

Stadt Hohenems

HOHENEMS

Die Kleinstadt Hohenems steckt voller Überraschungen. Obwohl sie die jüngste Stadt Vorarlbergs ist, eröffnen sich ungeahnte Geschichtseinblicke. In jeder Ecke der Altstadt findet man etwas Besonderes: das erste Kaffeehaus, die erste Bank und die erste Buchdruckerei des Landes im Jüdischen Viertel, kleine, inhabergeführte Läden in der Marktstraße und eine Schokoladenmanufaktur am Schlossplatz, die ab Februar 2024 „gläsern" wird. Der Renaissancepalast war Dreh- und Angelpunkt des höfischen Lebens und ist nach Jahren des Dornröschenschlafs wieder für die Öffentlichkeit geöffnet. Die historische Ruine Alt-Ems am Schlossberg wacht über der Stadt und erlaubt einen Blick über das Vierländereck und den Bodensee hinaus. In der Bergwelt der „Schuttannen" kann man gemütlich oder anspruchsvoll wandern, während (E-)Bikers das weit ausgebaute Radwegenetz des Rheintals zu schätzen wissen. Und im größten Freibad des Landes, im „Rheinauen", kann man abtauchen und entspannen. Auch für das große Museumsangebot lohnt sich der Besuch, allem voran für das jüdische Museum Hohenems.

Tourismus & Stadtmarketing Hohenems GmbH
Marktstraße 2, 6845 Hohenems – +43 (0)5576/42780
tourismus@hohenems.at – www.hohenems.travel – stadthohenems

Jüdisches Museum Hohenems

HOHENEMS AU

Ab dem 17. Jahrhundert bildete sich eine große jüdische Gemeinde in Hohenems, die zum wirtschaftlichen Wachstum beitragen sollte und dementsprechend rechtlich geschützt wurde. Seitdem sind die Geschichte von Hohenems und dem örtlichen Judentum untrennbar miteinander verwoben. Im jüdischen Museum, das sich in der Villa Heimann-Rosenthal im Zentrum des ehemaligen jüdischen Viertels befindet, kann man diese Geschichte nachverfolgen: Von den „Schutzjuden" bis hin zu denjenigen ohne Schutz, die im Nationalsozialismus verfolgt und vernichtet wurden. Man erhält Einblick in das religiöse Leben, die bürgerliche Emanzipation, das Spannungsfeld von Migration, Heimat und Flucht, Tradition und Wandel. Das Museumsprogramm wird durch aktuelle Sonderausstellungen ergänzt, die einen immer neuen Fokus setzen. Auch Audioguides, Videostationen und eine Kinderausstellung ab 6 Jahren sind geboten.

Tipp: Unbedingt auch den Jüdischen Friedhof am südlichen Stadtrand besuchen, er ist von wichtiger Bedeutung für Hohenems!

Jüdisches Museum Hohenems

Schweizer Straße 5, 6845 Hohenems – ✆+43 (0)5576/739890

✉ office@jm-hohenems.at – ⌂ www.jm-hohenems.at

▢ juedischesmuseumhohenems

Öffnungszeiten: Di.-So. und feiertags 10–17 Uhr

Preise: Erwachsene 9,- / Kinder frei und Ermäßigungen siehe Homepage

Mehr Erleben am Bodensee
in Liechtenstein

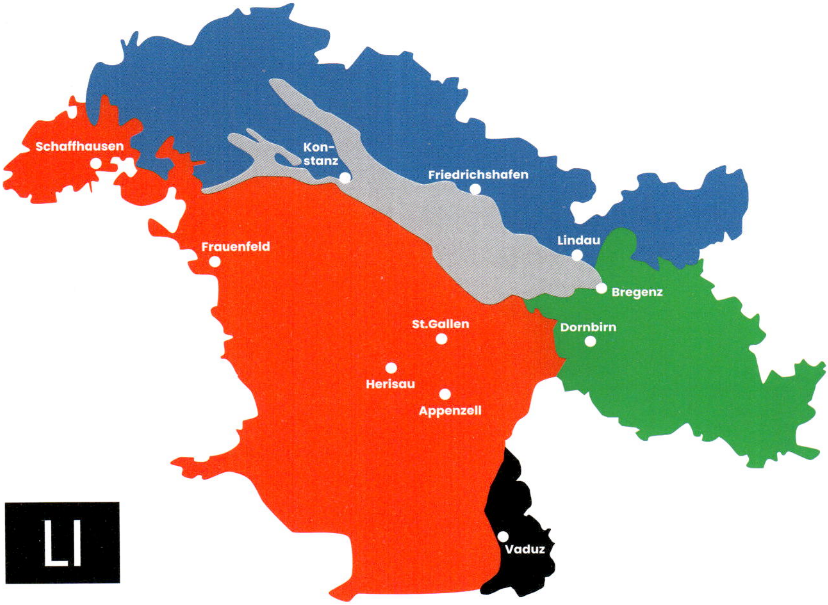

LI

Liechtenstein

VADUZ

Das Fürstentum Liechtenstein ist ein kleines Land mit viel Charme und Charakter. Während es dicht um den Bodensee herum schon mal sehr touristisch zugehen kann, steht hier ein ruhiges und individuelles Erlebnis im Vordergrund. Wir empfehlen einen Besuch in Liechtenstein vor allem wegen seiner atemberaubenden Landschaft, die von Alpen und grünen Wiesen geprägt ist. Darüber hinaus bietet die Hauptstadt Vaduz Besuchern eine Mischung aus moderner Architektur und historischen Gebäuden, sowie eine Vielzahl von Museen und Galerien. Besonders eindrucksvoll ist die Liechtensteinische Schatzkammer, die Objekte ausstellt, die eng mit der Geschichte des Fürstentums verbunden sind. Neben prunkvollen Rüstungen und Kronen ehemaliger Fürsten, beherbergt die Schatzkammer auch Exponate, die man nicht unbedingt dort erwartet. Oder hätten Sie damit gerechnet, in der Liechtensteinischen Schatzkammer Mondgestein vorzufinden? Hauptattraktion ist natürlich das imposante Schloss Vaduz, das zwar nicht betreten werden kann, aber schon von weitem sichtbar ist und von außen ausgiebig bestaunt werden kann.

Liechtenstein hat zwar keinen direkten Seezugang, ist aber aufgrund der unmittelbaren Nähe, genauer gesagt einer nur halbstündigen Autofahrt, trotzdem ein Teil der Vierländerregion Bodensee. Obwohl die kleine Alpenmonarchie der sechstkleinste Staat der Welt ist, gibt es auch hier mehr zu erleben: Zum Beispiel die spannende und herausfordernde Erfahrung, die beschaulichen Dörfer und die Gebirgswelt des Fürstentums zu Fuß oder mit dem Rad auf dem 75 km langen Liechtenstein-Weg auszukundschaften und dabei Natur und Sehenswürdigkeiten kennenzulernen – inklusive kostenloser Informationsapp zur Geschichte sowie Gepäckservice, falls man das wünscht. Hier kommt man zwar nicht in 80 Tagen um die Welt, aber dafür immerhin in wenigen Tagen durch ein ganzes Land!

Tipp: Für Ihren Liechtenstein-Trip sollten Sie sich für 25 Franken unbedingt den Erlebnispass sichern – Eintritt für mehr als 300 Erlebnisse, u.a. alle Museen in Vaduz, sowie freie Busfahrten im ganzen Land sind Vorteile, die man sich guten Gewissens nicht entgehen lassen kann.

Liechtenstein Center
Städtle 39, 9490 Vaduz – ☏+423 (0)239/6363
✉ info@liechtenstein.li – ⌂ www.tourismus.li – © fuerstentumliechtenstein

Dorf Malbun

MALBUN

Hoch im Liechtensteinischen Berggebiet, auf 1600 Metern Höhe, lockt die Familien- und Wanderdestination Malbun. Wanderparadies im Sommer, Skigebiet im Winter – Das einnehmende Bergdorf ist ausgerichtet auf ganzjährige Sporterlebnisse. Ausgeschilderte Wanderwege, Kunsteisplatz, Alpen Minigolf, Bogenschiessparcours, geführte Schneeschuhtouren und vieles mehr eignen sich für Aktivurlauber ebenso wie für Familien. Kindern kann man die Wanderungen durch den spielerischen Forscherweg oder durch tierische Begleiter schmackhaft machen, etwa Lamas oder Alpakas – oder gar einen Steinadler. So etwas gibt es nur in einem echten Fürstentum, genau genommen sogar nur in Malbun. Nutzen Sie die Möglichkeit der Falknerei Galina, um wie im Computerspiel einen Adler als Begleittier zu haben und den Greifvogel frei und hautnah kennenzulernen! Sollte nur noch die Frage der Unterkunft offen sein, ist auch diese leicht gelöst, denn das Galina ist zugleich ein 3-Sterne-Hotel in direkter Nähe zur Skipiste.

Malbun Center

Im Malbun 3, 9497 Triesenberg – +423 (0)239/6315
malbuninfo@liechtenstein.li – www.tourismus.li

Sesselbahn Sareis
MALBUN 🇱🇮

Warum man auf der Sesselbahn Sareis bei der Genuss-Variante auch noch mit Wurst- und Käsespezialitäten aus Liechtenstein verwöhnt wird, ist eigentlich ein Rätsel, da auf dem Gipfel auch so das fabelhafte Berggasthaus Sareis wartet. Aber natürlich, in Liechtenstein muss man fürstlich leben, und ausgehungert kann man das Bergpanorama nicht genießen. Daher erhalten Sie eine Lunchbox und Getränke auf Ihrem Sessel und fahren so lange mit der Bergbahn, wie Sie brauchen, um alles auszuessen – oder bis die Bahn für den Tag schließt. Die Genussfahrt ist am Vortag bis 17 Uhr beim Restaurant zu reservieren. Für Wanderer und Weitblicker ist Malbun, hoch oben in den Bergen, den Ausflug jedenfalls unbedingt wert. Mit der Sesselbahn geht es schnell hinauf auf 2'000 m ü. M., wo sich Ihnen eine Bergwelt mit Sicht in gleich drei Länder bietet.

Malbun Bergbahnen

Postfach 4034, 9497 Malbun – ☎+423 (0)265/4000
✉ info@bergbahnen.li – 🏠 www.bergbahnen.li – 📷 bergbahnenmalbun
Öffnungszeiten: 16. Dez.-7. Apr.: 9-16.15 Uhr, 17. Juni-22.Okt.: Mo.-Fr. 8.30-17 Uhr und Sa.-So. + feiertags 8-17 Uhr, Details siehe Webseite
Preise: Siehe Webseite

Berggasthaus Sareis
MALBUN 🇱🇮

Oben auf der Sareiserhöhe schmiegt sich das Bergrestaurant Sareis in die überwältigende Bergkulisse von Liechtenstein. In der gemütlichen Gaststube kann man sich stärken und auf der herrlichen Sonnenterrasse entspannt ausruhen. Man erreicht das Restaurant bequem mit der Sesselbahn Sareis der Bergbahnen Malbun. Natürlich kommt auch der Geschmack nicht zu kurz, denn die Küche achtet auf frische und regionale Zutaten. Auf der rustikalen Karte stehen deftige Rösti oder würzige Älplermagronen, ebenso wie Liechtensteiner Alp-Spezialitäten, knackige Salate und hausgemachte Kuchen und Desserts. Nach dem Essen soll man dann bekanntlich ruhn, oder tausend Schritte tun: Letzteres zum Beispiel bei einer Wanderung, für die das Berggasthaus ein perfekter Ausgangspunkt ist.

Jürgen und Xenia Klösch

Turnastrasse 120, 9497 Malbun – ☎ +423 (0)263/4686
✉ sareis@bergbahnen.li – 🏠 www.sareis-malbun.li – 📷 berggasthaussareis
Öffnungszeiten: Mo.-Fr. 8.30-17 Uhr, Sa.-So. und feiertags 8-17 Uhr

Hauptstadt Vaduz

VADUZ 🇱🇮

Der Hauptort eines ganzen Staates, und das mit nur knapp 6000 Einwohnern – weshalb der Begriff einer Hauptstadt für Vaduz umstritten ist. Und doch ist das liechtensteinische Dorf absolut sehenswert. Hier tummeln sich die bedeutendsten Museen des Fürstentums, die politischen Institutionen und Gerichte. Zugleich ist Vaduz Fürstenresidenz, kultureller „Hotspot" Liechtensteins und internationaler Finanzplatz. Die Verbindung in die Schweiz wird durch die Alte Rheinbrücke geschaffen, die nach ihrer Sanierung noch immer ein unverändert eindrucksvolles Bild abgibt. Das Herz von Vaduz, zumindest für Besucher, ist die Liechtensteinische Schatzkammer.

Liechtenstein Center
Städtle 39, 9490 Vaduz – ☎+423 (0)239/6363
✉ info@liechtenstein.li – 🏠 www.tourismus.li – 📷 fuerstentumliechtenstein

Liechtensteinische SchatzKammer
VADUZ

In der Fürstlichen Sammlung von Vaduz findet die Schatzsuche am Bodensee einen krönenden Abschluss. Die Liechtensteinische Schatz-Kammer vereinigt Exponate aus der Welt und dem Weltall, die alle auf ihre Weise mit Liechtenstein verbunden und nirgendwo sonst in dieser Form und Zusammenstellung zu finden sind. Dazu gehören Kunstkammerobjekte, Prunkwaffen, die rechte Hand der berühmten Rosenblattgarnitur der Prunkritterrüstung von Kaiser Maximilian II., der immerwährende Kalender für Kaiser Rudolf II. und der Fürstenhaube (Replik) aus den Fürstlichen Sammlungen. Zu sehen sind auch das Apfelblütenei und andere Eier von Fabergé, Mondgesteine von den Fahrten der Apollo 11 und der Apollo 17 sowie liechtensteinische Flaggen, die auf dem Mond waren. Doch bitte... lassen Sie die Kostbarkeiten im Museum, denn eine solche Ausstellung ist der wahre Schatz.

Liechtensteinische SchatzKammer
Städtle 37, 9490 Vaduz – ✆ +423 (0)239/6820
✉ info@landesmuseum.li – 🏛 www.landesmuseum.li – 📷 landesmuseumliechtenstein
Öffnungszeiten: Tägl. 10–17 Uhr
Preise: Erwachsene 8 CHF / Kinder frei und Ermäßigungen siehe Homepage

Liechtensteinisches LandesMuseum
VADUZ

Ein geheimnisvoller Kleinstaat wie Liechtenstein fordert dazu auf, den Urlaub mit einer angemessenen Portion Landeskunde zu würzen. Das palastartige LandesMuseum in Vaduz besteht aus zwei historischen Gebäuden, die bis ins Mittelalter zurückgehen, und einem modernen Anbau, die miteinander verbunden wurden. Die Exponate erzählen über die Geschichte, Kultur und die außergewöhnliche Natur des Fürstentums. Die Liechtensteinische Schatzkammer, sowie das bäuerliche WohnMuseum und PostMuseum sind an das LandesMuseum angegliedert. Neben Einmaligem, Wertvollem und Speziellem wird auch das Einfache und Alltägliche vorgestellt und so ein umfangreicher Einblick in den Staat ermöglicht. Dazu kommen verschiedene Sonderausstellungen, z.B. zum Mittelalter am Bodensee mit der Begleitausstellung STADT LAND BURG (noch bis zum 14.4.2024) oder über Hasen und Ostereier (noch bis zum 13.3. 2024).

Liechtensteinisches LandesMuseum
Städtle 43, 9490 Vaduz – +423 (0)239/6820
info@landesmuseum.li – www.landesmuseum.li – landesmuseumliechtenstein
Öffnungszeiten: Di.-So. 10–17 Uhr, Mi. 10–20 Uhr
Preise: Erwachsene 10 CHF/ Kinder bis 16 frei und Ermäßigungen siehe Homepage

Mehr Erleben am Bodensee

in der Schweiz

Kanton
Appenzell Ausserrhoden

Kanton
Appenzell Innerrhoden

CH

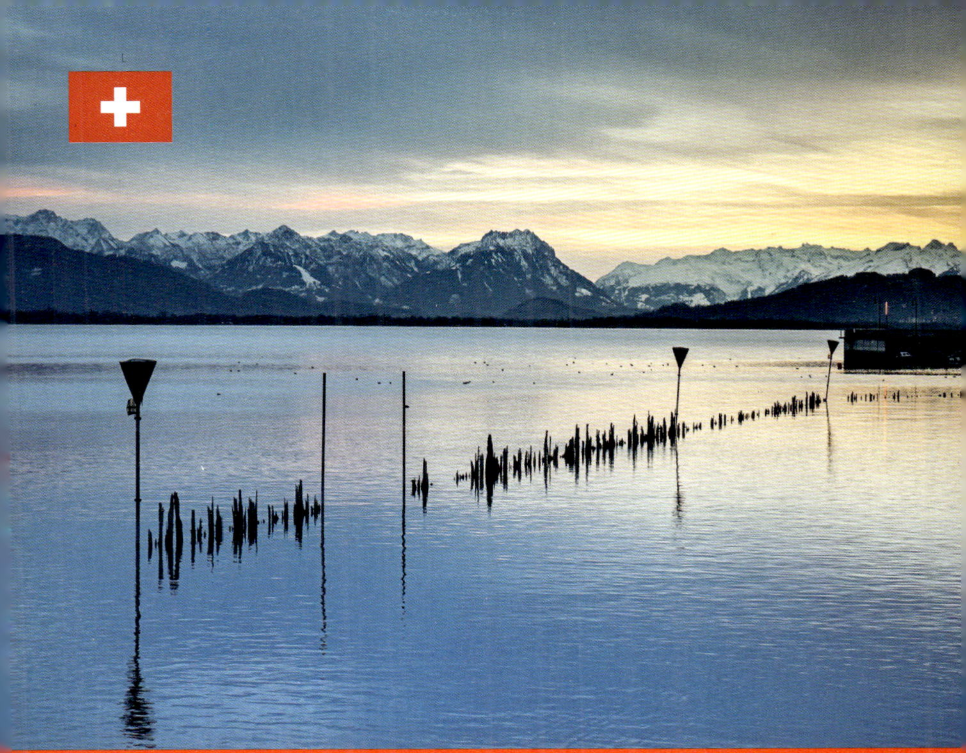

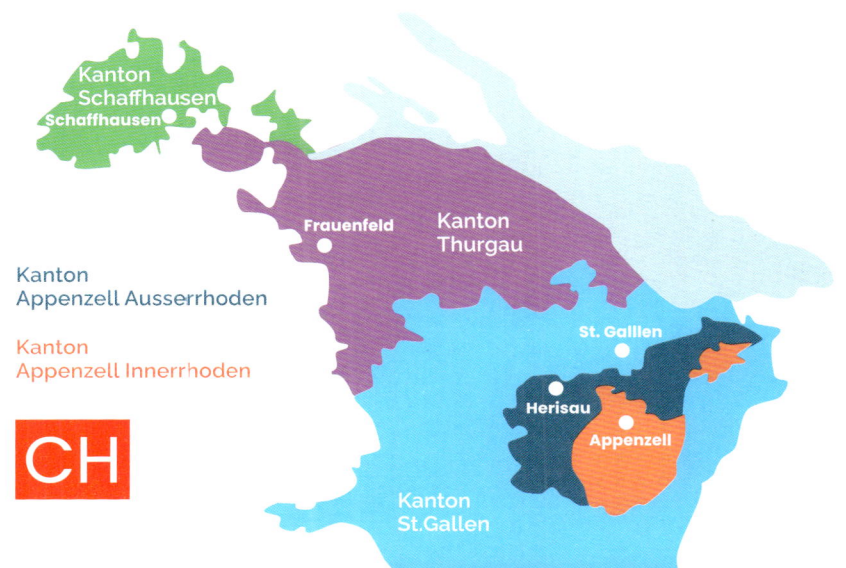

Festungsmuseum Heldsberg
ST. MARGRETHEN 🇨🇭

Als die potentielle Bedrohung durch die deutsche Wehrmacht 1938 immer greifbarer wurde und es eine Überquerung des Rheins sowie Bodensees abzuwehren galt, wurde das Artilleriewerk Heldsberg geplant und binnen zwei Jahren fertiggestellt. Durch seine Lage kontrollierte es mit seinen vier Geschützen im Norden das Südende des Bodensees und im Süden die Rheinübergänge im Rheintal bis Montlingen. Mit der Sperre am Stoss bei Altstätten wurde der Übergang ins Appenzellerland gesichert. Der Heldsberg blieb seinem Namen treu, stärkte als Artilleriewerk direkt an der Grenze die moralische und faktische Defensivkraft und schreckt die Deutschen ab. So wäre laut deutscher Operationspläne „bei dem gebirgigen Gelände und den starken Befestigungen bei Rheineck (Heldsberg)" kein Erfolg zu erwarten gewesen. Verteidigung ist der beste Angriff! Zum Angebot des Festungsmuseums gehört auch der unterirdische Kommandobunker der Grenzbrigade 8, Haslen AI, der in über 30 Räumen die Zeit des „Kalten Krieges" thematisiert.

Festungsmuseum Heldsberg

Obere Heldsbergstrasse, 9430 St. Margrethen – ☏ +41 (0)71/7334031

✉ info@festung.ch – 🏠 www.festung.ch

Öffnungszeiten: Apr. - Okt. Jeden Samstag 11–17 Uhr,

Gruppen ganzjährig nach Buchung

Preise Museum: Erwachsene 12 CHF/ Kinder 6 CHF, Details siehe Homepage

APPENZELLERLAND · ERLEBNISSE · AUSFLUGSZIELE

Hoher Kasten
BRÜLISAU 🇨🇭

Wer einen aktiven Bodenseeurlaub plant, findet Gefallen an den zahlreichen Wanderungen im ostschweizerischen Alpstein, die sich für die verschiedensten Könnerstufen und Bedürfnisse eignen. Als Ausgangspunkt ist der Hohe Kasten ideal. Der barrierefreie Europa-Rundweg öffnet den Blick ins Rheintal und in den Alpstein. Zwei Bergseen laden zum Baden ein und mit den Fernrohren lässt sich die ganze Umgebung erkunden. Der Geologische Wanderweg ist reizvoll für alle, die sich gerne mit Naturphänomenen befassen, und die alpine Flora und Fauna kann man im Alpengarten entdecken. Auf dem Gipfel des Berges befindet sich zudem das einzige Drehrestaurant der ganzen Bodenseeregion. Während der einstündigen Umdrehung hat man Zeit, die 360° Aussicht und schmackhaftes Essen zu genießen. Besondere Exklusivität kann man beim Gala-Dinner bei Vollmond erleben.

Hoher Kasten Drehrestaurant
9058 Brülisau – 📞+41 (0)71/7991117 – ✉ drehrestaurant@hoherkasten.ch
🏠 www.hoherkasten.ch/drehrestaurant – 📷 hoherkasten
Preise: Einfache Fahrt Seilbahn: Erwachsene 28 CHF, Kinder bis 15 gratis

ST.GALLEN — ERLEBNISSE — WASSERSPASS, WELLNESS, SAUNA

Appenzeller Heilbad
HEIDEN CH

Mitten in der voralpinen Hügellandschaft des Appenzellerlandes, zwischen Bodensee und Säntis, liegt das Appenzeller Heilbad. Seit Jahrhunderten wird hier das Heilwasser der Mineralquelle für Wohlbefinden und Erholung, Fitness und Gesundheit genutzt. Das Appenzeller Heilbad bietet eine Bäder- und Saunalandschaft mit einem 34 Grad warmen Innen- und Außenbecken, einer Kalt- und Warmwassergrotte, mit Massagedüsen, Sprudelecke, Sprudeltopf und Sprudelliege. Verschiedenste Massagen und Kosmetik-Behandlungen, ein umfangreiches Kursangebot, ein Ruheraum mit Wasserbetten, Sonnenterrassen sowie ein kleines Bistro tragen zum Entspannungsprogramm des Bades bei. Ob man sich wirklich gesund baden kann? Nun ja, ein Versuch kann nicht schaden.

Appenzeller Heilbad

Unterrechstein 455, 9410 Heiden – ☎ +41 (0)71/8983388
✉ info@heilbad.ch – 🏠 www.heilbad.ch – 📷 appenzellerheilbad
Öffnungszeiten: Okt.-Apr.: Mo. – Fr. 8.30–22 Uhr, Sa. - So. bis 20 Uhr
Preise: Je nach Nutzungsumfang, Details siehe Homepage

Taverne zum Schäfli
WIGOLTINGEN 🇨🇭

Eigentlich sprechen die Auszeichnungen schon für sich: 2 Sterne im Michelin, 18 Punkte im Gault Millau und 2023 vom Wine Spectator mit dem Award of Excellence ausgezeichnet. Ein-zwei Worte wollen wir trotzdem noch verlieren. Die Taverne zum Schäfli unter der kulinarischen Führung von Christian Kuchler ist eine herausragende Zuflucht. Zuflucht deswegen, weil sie so völlig abseits auf dem Schweizer Land, im kleinen Örtchen Wigoltingen, nahe Konstanz/Kreuzlingen liegt. Gäste werden sich in der heimeligen Atmosphäre der Taverne gleich wohl fühlen und staunen dann doppelt, wenn sie Speisen serviert bekommen, deren kulinarische Tragweite alle Weltengeschmäcker einbezieht. Mal südamerikanisch angehaucht, dann wieder arabisch-orientalisch gewürzt; Das Küchenteam weiß zu überraschen. Nicht zuletzt finden sich auch klassisch schweizerische Geschmäcker in dieser Oase des Genusses. Ist die Taverne zum Schäfli zwar abseits gelegen, so ist ein Besuch empfehlenswert und der Genießer von Welt wird eine beeindruckende Erfahrung reicher sein.

Taverne zum Schäfli

Oberdorfstrasse 8, 8556 Wigoltingen – 📞+41 (0)52/7631172

✉ kontakt@schaefli-wigoltingen.ch – 🏠 www.schaefli-wigoltingen.ch

📷 schaefli_wigoltingen

Öffnungszeiten: Mi. – Sa. 11.30–14.30 Uhr, 18.30 Uhr–23.30 Uhr

Internationales Sandskulpturen Festival

RORSCHACH 🇨🇭

Das jährlich stattfindende Sandskulpturen-Festival ist ein künstlerisches Live-Event der außergewöhnlichen Art. Mittels eigens für den Wettbewerb herangeschafften Sandes entsteht am Bodensee-Strand von Rohrschach ein überdimensionaler Sandkasten, in dem internationale Künstler-Teams beeindruckende Sandmonumente im XXL-Format erschaffen. Die Besucher lieben es, den Teilnehmern bei ihrer Arbeit zuzusehen. Sie kommen aus dem Staunen gar nicht mehr heraus. So riesig, präzise, schön und voller Symbolkraft sind diese Kunstwerke, dass man sich gar nicht vorstellen möchte, dass sie nur für den Augenblick gebaut sind. Keine Frage, dass man diese Gelegenheit auf keinen Fall versanden lassen darf!

Sandskulpturen Festival Verein Pablo

Seepromenade, 9401 Rorschach

✉ info@sandskulpturen.ch – 🏠 www.sandskulpturen.ch

Öffnungszeiten: August/September, Termine siehe Webseite

Preise: Erwachsene 6 CHF, Kinder bis 12 frei

Stadt St.Gallen
ST.GALLEN 🇨🇭

Der Kanton St.Gallen ist eine Ferienregion auf der Schweizer Seeseite, und die namensgebende Stadt St.Gallen sein pulsierendes Herzstück. Die Besiedelung bildete sich damals um das Kloster St.Gallen herum, das noch heute als zentrale Sehenswürdigkeit der Stadt heraussticht. Der große Um- und Neubau im Barock verleiht dem Stiftsbezirk mit seiner doppeltürmigen Kathedrale ein beeindruckendes Erscheinungsbild. Auch im Inneren sucht das UNESCO-.Weltkulturerbe seinesgleichen, denn die Stiftsbibliothek zählt zu den schönsten und ältesten überhaupt. Aber auch die mit zahllosen Prachterkern geschmückte, verwinkelte Altstadt St.Gallens lässt alle weltlichen Belange sekundär erscheinen.

Während der wirtschaftlichen Blütezeit der Stadt als Textilmetropole entstanden das Kunstmuseum und das Historische und Völkerkundemuseum. Das Textilmuseum verweist auf den diesen ökonomischen Hintergrund und zeigt ganz klar: St.Gallen war schon immer spitze!

St.Gallen-Bodensee Tourismus

Bankgasse 9, 9001 St.Gallen – ☎ +41 (0)71/2273737
✉ info@st.gallen-bodensee.ch – 🏠 www.st.gallen-bodensee.ch – 📷 sgbtourism

Stiftsbezirk St.Gallen
ST.GALLEN 🇨🇭

Das Kloster St.Gallen hat die Geschichte des Bodenseeraums entscheidend mitgeprägt. In den Hallen der Stiftsbibliothek kann man in das Gedächtnis der Welt eintauchen, denn sie ist eine Schatzkammer der europäischen Überlieferung. Im Gewölbekeller und Ausstellungssaal präsentiert sie einen einzigartigen Schatz an Handschriften, Urkunden und Drucken von großem kulturellem Wert. Die Sammlungen in Stiftsarchiv und Stiftsbibliothek sind UNESCO-Weltdokumentenerbe und reichen bis zu 1300 Jahren zurück. Im Barocksaal sind Kostbarkeiten aus der einzigartigen Sammlung zu sehen, die erstaunlich gut erhalten sind.

Stiftsbibliothek

Klosterhof 6d, 9000 St.Gallen – ☏ +41 (0)71/2273416 – ☏ +41 (0)71/2273416

🏠 www.stiftsbezirk.ch – 📷 stiftsbezirk_stiftsbibliothek

Öffnungszeiten: Mo.-Fr. 10-17.00

Preise: Erwachsene 18 CHF/ Kinder bis 16 in Begleitung frei, Details siehe Homepage

Naturmuseum St.Gallen
ST.GALLEN 🇨🇭

Das Naturmuseum St.Gallen entführt in die heimischen Tier- und Mineralienwelt. Die offene Präsentation mit begehbaren Raumbildern motiviert dazu, selber aktiv zu werden – auch mit dem digitalen Museumsguide in drei Sprachen. Er führt Besucherinnen und Besucher auf einer Wissens- und vier Spieltouren durch die Ausstellung. Bei dieser Gelegenheit kann man kleinsten und größten Lebewesen auf Augenhöhe begegnen, von emsigen Waldameisen über heimische Großraubtiere bis hin zum Originalskelett eines Edmontosaurus. Wesentlicher Ausstellungsbestandteil ist das größte Landschaftsrelief der Schweiz, das man durch ein interaktives Fernrohr betrachten kann. Das obere Stockwerk führt zu den Ursprüngen und der Entwicklungsgeschichte des Lebens zurück. Auch Kristalle sowie weitere Ressourcen und Mineralien gehören zum Themenspektrum des Museums.

Naturmuseum St.Gallen

Rorschacher Strasse 263, 9016 St.Gallen – ☎ +41 (0)71/2434040

✉ info@naturmuseumsg.ch – 🏠 www.naturmuseumsg.ch

📷 naturmuseum_st_gallen

Öffnungszeiten: Di. - So. 10–17 Uhr, Mi. bis 20 Uhr

Preise: Erwachsene 12 CHF/ Kinder bis 16 in Begleitung frei, Details siehe Homepage

Kunstmuseum St.Gallen

ST.GALLEN 🇨🇭

Die Wechselausstellungen des Kunstmuseums St.Gallen setzen zeitgenössische Kunst immer wieder neu in Szene. Dennoch kann man in der Sammlung Malereien und Skulpturen ab dem Spätmittelalter antreffen. In den neuen Sammlungspräsentationen ist Selbstreflexion angesagt: „Sammlungsfieber" und „Vorwärts in die Vergangenheit" setzen sich mit der Geschichte des Museums und St.Gallens auseinander. Wie entstand das Museum und wie ist die St.Gallener Kunst mit der Textilgeschichte der Stadt verwoben? Dieses Konzept ist gelungen, da man nicht nur die Kunstschaffenden, sondern die Kunst immer auch im Kontext kennenlernt. Die LOK im St.Gallener Bahnhof ist „Kulturlabor" und Außenstelle des Museums, Künstlerheim und Spielstätte in einem.

Tipp: Für beides ist ein Kombiticket (16 CHF) die beste Wahl!

Kunstmuseum St.Gallen

Museumstrasse 32, 9000 St.Gallen – ☎ +41 (0)71/2420671

✉ info@kunstmuseumsg.ch – 🏠 www.kunstmuseumsg.ch – 📷 kunstmuseumsg

Öffnungszeiten: Di.–So. 10–17 Uhr, Do. 10–20 Uhr

Preise: Erwachsene 12 CHF/ Kinder bis 16 in Begleitung frei, Details siehe Homepage

Kulturmuseum
ST.GALLEN 🇨🇭

Das Kulturmuseum im St. Galler Stadtpark ist schon von außen fotogen, hat es aber auch in sich. Archäologie, Geschichte und Ethnologie stehen im Zentrum des Museumsprogramms. Kulturschätze der ganzen Welt, aber auch die Geschichte der Stadt und ihrer Textilindustrie, breiten sich vor den Besuchern aus. Als Anlaufpunkt für Familien bieten sich besonders das Kindermuseum und der archäologische Teil an, der bis in die Zeit der Neandertaler zurückreicht.

Kulturmuseum St.Gallen

Museumstrasse 50, 9000 St.Gallen – ☎+41 (0)71/2420642

✉ info@kulturmuseumsg.ch – 🏠 www.kulturmuseumsg.ch – 📷 kulturmuseum_sg

Öffnungszeiten: Di. - So. 10 – 17 Uhr, Mi. bis 19 Uhr

Preise: Erwachsene 12 CHF/ Kinder bis 16 in Begleitung frei, Details siehe Homepage

Appenzeller Schaukäserei
STEIN AR 🇨🇭

Käse rettet bekanntlich jeden Auflauf und jeden Tag. Und natürlich sind Käse und Schokolade die beiden Glücklichmacher Nummer Eins, für die die Schweiz bekannt ist. Aber bevor wir hier zu tief in die Käsephilosophie einsteigen: Überlassen wir lieber den Experten der Appenzeller Schaukäserei das Wort. Die Erlebnisausstellung führt auf eine Entdeckungsreise rund um das kulinarische Gold. Dazu gehören beispielsweise das Käsekessi sowie der große Käsekeller, wo bis zu 12'500 Laibe lagern. Die Gäste entdecken die geheimnisvolle Kräutersulz und können eine eigene Kräutermischung herstellen. Mit der Maus „Chäsli Jakob" hat auch jeder neugierige Dreikäsehoch ein Erlebnis. Und das Beste an der ganzen Sache: Die Schaukäserei ist nicht nur zum schauen da ... Es gibt ein großes Shop-Sortiment und natürlich viele käsige Kostproben im Restaurant!

Appenzeller Schaukäserei AG

Dorf 711, 9063 Stein AR – ☏ +41 (0)71/3685070
✉ info@schaukaeserei.ch – 🏠 www.schaukaeserei.ch
📷 appenzeller_schaukaeserei

Öffnungszeiten: Tägl. 9 - 18.30 Uhr
Preise: Erwachsene 12 CHF/ Kinder 7 CHF, Ermäßigungen siehe Homepage

Kunstmuseum & Kunsthalle Appenzell

APPENZELL 🇨🇭

Das Kunstmuseum Appenzell scheint architektonisch von der Schweizer Bergwelt inspiriert zu sein. Erbaut wurde das markante, an eine Toblerone erinnernde Gebäude 1998 von Annette Gigon und Mike Guyer. Seitdem dient es der Begegnung von Kunst, Architektur und Natur im Appenzellerland. Es werden wechselnde Ausstellungen zur modernen und zeitgenössischen Malerei, Skulptur und Fotografie präsentiert. Die Kunsthalle Appenzell, die ebenso zur Heinrich Gebert Kulturstiftung gehört, schließt sich diesem Programm an und hat sich zudem als Kulturzentrum für Lesungen, Tanz, Theateraufführungen und Konzerte etabliert.

Kunstmuseum Appenzell

Unterrainstrasse 5, 9050 Appenzell – ☏ +41 (0)71/7881800

✉ info@kunstmuseumappenzell.ch – 🏠 www.kunstmuseum-kunsthalle.de

📷 kunstmuseumkunsthalleappenzell

Öffnungszeiten: Di. – Fr. 12–17 Uhr, Sa. - So. 11–17 Uhr

Preise: Für beide Museen: Erwachsene 15 CHF/ Kinder 10 CHF

APPENZELLERLAND   ERLEBNISSE   BERGBAHNEN

Luftseilbahn Jakobsbad-Kronberg
JAKOBSBAD 🇨🇭

Die längste Luftseilbahn im Appenzellerland lässt ihre Fahrgäste majestätisch auf den Kronberg schweben, und dafür werden sie auch noch belohnt – mit einem Ausblick bis zum Bodensee. Die Talstation ist leicht zu erreichen und liegt unmittelbar neben dem Bahnhof Jakobsbad. Nach der Luftseilbahnfahrt kann man im Berggasthaus Kraft tanken, zum Beispiel für eine anschließende Wanderung. Das Tal hat weitere Attraktionen zu bieten, denn hier gibt es die kinderfreundliche Märliwelt mit Rätseln, Trampolin und Feenreich, sowie eine Bobbahn. Kletterfreudige finden ihr Paradies im Zipline-Park, wo man die Seilbahn gegen einen Seilgarten eintauscht. Im Winter punktet der Kronberg mit dem längsten Schlittenweg der Ostschweiz – vom Berg bis zur Talstation im Jakobsbad. Auch Winterwander- und Schneeschuhwege sowie das große Snowland-Skiparadies komplettieren dieses Mehr-Erlebnis.

Luftseilbahn Jakobsbad-Kronberg
St. Josefstrasse 2, 9108 Jakobsbad – ☎+41 (0)71/7941289 – 🏠 www.kronberg.ch
Öffnungszeiten: Saisonal, siehe Webseite
Preise: Einfache Fahrt Seilbahn: Erwachsene 28 CHF, Kinder 14 CHF, sonstige und Fahrtzeiten siehe Webseite

APPENZELLERLAND — ENTDECKUNGEN — NATUR

Der Säntis
SCHWÄGALP/SÄNTIS 🇨🇭

Der Berg ruft! Und zwar nicht irgendeiner, sondern der Säntis, seines Zeichens höchster Berg des Alpsteins. Zweieinhalbtausend Meter muss man sich erst einmal auf der Zunge zergehen lassen. Vom Gipfel lassen sich sage und schreibe 6 Länder erblicken: Die Schweiz, Deutschland, Österreich, Liechtenstein, Italien und Frankreich. Die Bodenseeregion und der Nebel werden einem förmlich zu Füßen gelegt. Zum Glück muss man den Aufstieg nicht zu Fuß bewältigen, denn das ist wirklich kein Spaziergang. 10 Minuten dauert der Höhenflug mit der Säntis Schwebebahn. Am Ziel erwarten Sie wettergeschützte Aussichtshallen, Gipfelwege, Restaurants sowie interaktive Erlebniswelten zu den Wetterphänomenen, der Geschichte, der Eiswelt und der Geologie des Bergriesens. Vollmondfahrten oder Sonnenaufgangsfahrten sind ein besonders romantisches Erlebnis, für Werwölfe genauso wie für Frühaufsteher.

Säntis-Schwebebahn AG
9107 Schwägalp/Säntis – ☏ +41 (0)71/3656565
✉ kontakt@saentisbahn.ch – 🏠 www.saentisbahn.ch – 📷 saentisba

APPENZELLERLAND — ERLEBNISSE — PARKS & ZOOS

Walter Zoo
GOSSAU 🇨🇭

Affen, Löwen, Tiger und über hundert weitere Tierarten – im Walter Zoo sind sie alle versammelt. Der kleine Tiergarten ist ein schöner Ort für spaßige Stunden und einprägsame Bilder, egal ob als Familienausflug, Ersatz für einen Dschungel-Trip oder zum Fotografieren. Erdbeerfröschchen, kleiner Panda, Wüstenfuchs oder Zwergmäuse erobern nicht nur Kinderherzen im Sturm. Aber dann sind da auch tückische Sumpfkrokodile, Tigerpythons oder Skorpione, die wohl eher zu den missverstandenen Geschöpfen des Tierreichs zählen. Und natürlich, nicht zu vergessen, Außenseiter wie der Nacktmull, der Zipfelfrosch oder die Geierschildkröte, die einfach immer etwas ungewollt Komisches an sich haben werden. Es ist gerade diese Vielfalt, die den Besuch im Walter Zoo abenteuerlich und lebendig macht.

Walter Zoo AG Gossau

Neuchlen 200, 9200 Gossau – 📞 +41 (0)71/3875050

🏠 www.walterzoo.ch – 📷 walterzoo

Öffnungszeiten: März - Okt. tägl. 9–18 Uhr, Nov.- Feb. bis 17 Uhr,

Letzter Einlass 30 Min vor Schließung

Preise: Erwachsene 25 CHF/ Kinder 13 CHF (Hauptsaison),

Ermäßigungen siehe Homepage

Stadt Romanshorn

ROMANSHORN

Die Schweizer Hafenstadt Romanshorn ist für Wassersport perfekt, aber sie ist auch ein Ort für Fahrzeug-Romantiker. Ob Sie mit dem Zug anreisen oder mit dem Schiff, in beiden Fällen kommen Sie direkt nebeneinander am Ufer an. Mit Eisenbahn und Schiff kann es dann auch gleich weitergehen, denn Romanshorn ist bekannt für seine Hafenrundfahrt und die historische Mittelthurgau-Bahn. Die Eisenbahn Erlebniswelt Locorama und die autobau Erlebniswelt entführen noch tiefer in die Welt der Mobilität und beleuchten die Transportmittel von einer ästhetischen und nostalgischen Seite. Für Fahrradtouren und Wanderungen ist Romanshorn ebenfalls bestens geeignet, denn neben der Seenähe gibt es auch ein zauberhaftes, bewaldetes Hinterland. Durch die Fähre ist Romanshorn unmittelbar mit Friedrichshafen verbunden, sodass Sie in den Genuss eines 2-Länder Urlaubs und gleich zwei so schönen wie unterschiedlichen Hafenstädten kommen.

Thurgau Tourismus

Friedrichshafnerstrasse 55a, 8590 Romanshorn – +41 (0)71/5310131
info@thurgau-bodensee.ch – www.thurgau-bodensee.ch – thurgaubodensee

Historische Mittel-Thurgau-Bahn
ROMANSHORN CH

Nostalgie auf Schienen, anders lässt sich die Historische Mittel-Thurgau-Bahn von Romanshorn nicht beschreiben. Der „Mostindien-Express" ist ein richtiges Liebhaberstück, wie er so gemächlich durch die idyllische Schweizer Landschaft tuckert und dabei ordentlich Dampf ablässt. Dass man nicht gerade zügig vorankommt, weiß man zu schätzen, denn man ist gut versorgt und hat einen wunderbaren Ausblick. Unruhe und Hektik sind umso schneller verflogen, und man fühlt sich wie in der guten alten Zeit. Immer am letzten Sonntag des Monats, von April bis Oktober, verkehrt der Dampfzug entlang des Bodensees oder im Thurtal ab Romanshorn. Der elektrische „Thurgauer Zug" der ehemaligen Mittelthurgaubahn ist hingegen in der ganzen Schweiz anzutreffen.

Tipp: Individuelle Charterfahrten können beim Verein gebucht werden!

VHMThB Mittel-Thurgau-Bahn
+41 (0)71/6229556 – info@mthb.ch – www.mhtb.ch
Öffnungszeiten: Fahrtermine, Angebote und Sonderfahrten siehe Homepage

autobau Erlebniswelt
ROMANSHORN 🇨🇭

Aston Martin, Bugatti, Ferrari, Lamborghini, Maserati, Mercedes oder Porsche - die Marken der autobau Erlebniswelt von Romanshorn sind allemal einer Ausstellung wert. Exotische Supersportwagen, konkurrenzlose Klassiker, sowie schicke Oldtimer und Rennserien aus der Formel 1 warten darauf, bei einer Museumsspritztour bewundert zu werden. Das Museum hat sich mit dem alten Industrieareal ein stimmiges Ambiente geschaffen und stellt seine motorisierten Heiligtümer in geräumigen Hallen, über viele Etagen erstreckt, aus. Die autobau Erlebniswelt beschleunigt das Herz aller Autofetischisten von Null auf Hundert, und das in einer einzigen Sekunde – aber auch, wer kein Fanatiker ist, wird bei so manchem Wagen schon mal einen Gang höher schalten. Falls Sie zufällig einen ausgefallenen Ort für eine Feier, etwa eine Hochzeit, oder auch eine Tagung suchen, ist die autobau Erlebniswelt zudem als verrückte Eventlocation prädestiniert.

autobau AG

Egnacherweg 7, 8590 Romanshorn – ☎ +41 (0)71/4660066
✉ info@autobau.ch – 🏠 www.autobau.ch – 📷 autobau_erlebniswelt
Öffnungszeiten: So. 10 - 17 Uhr, Ferien-Sonderzeiten siehe Webseite
Preise: Erwachsene (+1 Kind) 23 CHF, Kinder bis 15 Jahre 8 CHF

Eisenbahn-Erlebniswelt LOCORAMA
ROMANSHORN CH

Wo eine historische Dampflok fährt, ist ein Eisenbahnmuseum nicht weit. Auf dem Depotgelände und in der ehemaligen SBB-Lokremise in Romanshorn wird Eisenbahngeschichte anfassbar gemacht. Die Eisenbahngeschichte von Romanshorn beginnt 1855, als die erste Etappe der Bodenseebahn nach Winterthur eröffnet wurde. 1869 kamen die Seelinie nach Rorschach, 1871 die Bahnverbindung nach Kreuzlingen Hafen und über die Grenze zum Bahnhof Konstanz und 1910 die Linie nach St.Gallen dazu. Bereits 1869 wurde der Eisenbahn-Fährverkehr nach Friedrichshafen aufgenommen. Verschiedene Dampf- und Elektroloks sowie Personen- und Güterwagen werden im Locorama ausgestellt. Es gibt Führungen in der Lokremise, auf dem Außengelände und im Stellwerk des Bahnhofs, wo mit Hebeln eine richtige Weiche und Flügelsignale gestellt werden können. Eine Drehscheibe, die historische Signalbrücke von Romanshorn, ein Wasserkran, ein mechanisches Stellwerk und ein Lok-Fahrsimulator ergänzen die Ausstellung.

Locorama
Egnacherweg 1, 8590 Romanshorn – +41 (0)71/4602427
office@locorama.ch – www.locorama.ch
Öffnungszeiten: 15. April – 29. Oktober: So. 10 - 17 Uhr
Preise: Erwachsene 6 CHF, Kinder 3 CHF

Park-Hotel Inseli
ROMANSHORN CH

Eine fürstliche Unterkunft in Romanshorn liegt in direkter Ufernähe. Eingebettet in einen Schlosspark, den sich das Inseli mit seinem Partnerhotel, dem Schloss Romanshorn, teilt, ist das 4-Sterne-Hotel ein gelassener Rückzugsort im Grünen. Egal, ob zum Ausruhen, für ein romantisches Getaway oder zum konzentrierten Arbeiten im Rahmen von Seminaren und Tagungen, entsprechende Räume und Atmosphären sind vorhanden. Touren mit der historischen Eisenbahn oder mit der Hafenrundfahrt, Ausflüge zum Seebad oder Hafenmuseum und schöne Spazierwege unweit des Hotels bieten einen ausgewogenen Freizeitrahmen.

Park-Hotel Inseli
Inselistrasse 6, 8590 Romanshorn – +41 (0)71/4668888 – www. hotelinseli.ch
Preise: DZ ab 120 CHF

Stadt Kreuzlingen
KREUZLINGEN 🇨🇭

Direkt an der Ländergrenze gelegen, ist Kreuzlingen längst mit seiner deutschen Nachbarin Konstanz zusammengewachsen. Nun, wo die beiden sich nicht mehr trennen wollen, profitieren Besucher von einem doppelten Erlebnisreichtum. Egal, ob der Weg Sie ins Naturschutzgebiet Lengwiler Weiher, ins Museum Rosenegg oder ins Planetarium von Kreuzlingen führt, zu sehen gibt es hier genug. Der Seeburgpark am Bodenseeufer ist eine öffentliche Parkanlage mit großem Kinderspielplatz, kleinem Tierpark und Seemuseum. Hier entspannen auch die Konstanzer, wenn sie dem Touristentrubel entfliehen möchten, während die Schweizer gerne für einen Shoppingtrip die Länderseite wechseln – Das Städteduo Konstanz-Kreuzlingen bewährt sich. Ein wenig Konkurrenz belebt das Geschäft natürlich trotzdem; etwa beim Seenachtfest, wenn hier regelrecht um die Wette gefeiert und gefeuert wird (Das berühmte Feuerwerk ist bis 2024 gesichert, stand aber bereits auf der Kippe. Wer es sehen will, sollte sich beeilen!).

Kreuzlingen Tourismus am Bodensee
Hauptstrasse 39, 8280 Kreuzlingen – ☎ +41 (0)71/6723840
✉ info@kreuzlingen-tourismus.ch – 🏠 www.kreuzlingen-tourismus.ch
📷 stadt.kreuzlingen

Bodensee Planetarium & Sternwarte
KREUZLINGEN 🇨🇭

Wenn Sie den Himmel auf Erden erleben wollen, kann nur das einzige Planetarium am Bodensee Ihren Urlaubsansprüchen gerecht werden. Mit modernster Technik und Multimedia- und Live-Shows holt es Ihnen eigenhändig die Sterne vom Himmel. Der Projektor ermöglicht es, den Nachthimmel zu jedem Zeitpunkt und über jedem Fleck der Erde darzustellen, während Sie nicht etwa in einer schwindelerregenden Rakete, sondern gemütlich in einem bequemen Sessel sitzen. Auch der Besuch der Sternwarte ist zu empfehlen: Fachkundige Führer begleiten den nächtlichen Blick auf unsere Himmelskörper, Sternhaufen, Gasnebel und fremde Galaxien. Mit einem Spaziergang auf einem der beiden Planetenwege lassen sich die galaktischen Dimensionen erkunden. So schnell kann aus einem Ausflug nach Kreuzlingen ein Ausflug bis zum Mond werden...

Bodensee Planetarium und Sternwarte

Breitenrainstr. 21, 8280 Kreuzlingen – ☏ +41 (0)71/6773800

🏠 www.bodensee-planetarium.ch

Öffnungszeiten: i.d.R. Mi., Sa., So. nachmittags, Sternwarte Mi. ab 19 Uhr
Preise: Erwachsene 12 CHF, Kinder 6 CHF, Ermäßigungen siehe Webseite

Schloss Arenenberg
SALENSTEIN 🇨🇭

Der geschichtsträchtige Arenenberg beherbergt in seinem Schloss heute das Napoleonmuseum. Hier sind die original eingerichteten Wohnräume der kaiserlichen Familie Napoleons begehbar. Napoleons Ehefrau Eugénie schenkte das Schmuckstück 1906 dem Kanton Thurgau, zur Freude aller Erlebnisjäger am Bodensee. Besucher entdecken das Schloss, begeben sich auf die Fährte des letzten französischen Kaisers und seiner Familie und können die jeweils wechselnde Sonderausstellung besichtigen. Auch die traditionsreiche Gartenkultur verschiedener Epochen und ein wunderbarer Ausblick lassen sich im umliegenden Landschaftspark des Arenenbergs genießen. Wer neidisch auf die kaiserliche Residenz ist oder sich eine lange Anreise ersparen möchte, kann direkt neben dem Schloss im Gartenhotel unterkommen. Slow-Food wird von 9 bis 18 Uhr im Bistro Louis Napoleón serviert.

Arenenberg, Schloss mit Napoleonmuseum

8268 Salenstein – ☎+41 (0)58/3457410
✉ info@arenenberg.ch – ✉ napoleonmusuem@tg.ch – 🏠 www.napoleonmuseum.ch
🏠 www.arenenberg.ch – 📷 arenenberg_schlossgut

Öffnungszeiten: April -September: tägl. 10 bis 17 Uhr, Oktober-März: Di.-So. 10-17 Uhr, 23. Dezember – 5. Februar geschlossen, Letzter Einlass 1h vor Schließung
Preise: Erwachsene 15 CHF, Kinder 5 CHF, Ermäßigungen und Details siehe Webseite

Der Plättli-Zoo
FRAUENFELD 🇨🇭

Der Plättli-Zoo in Frauenfeld, schon 30 Jahre lang betrieben von den Geschwistern Mauerhofer, ist ein aufgeweckter Tierpark im angenehmen Kleinformat. Auf einer Anhöhe gelegen und von überschaubarer Fläche, hat man es mit einem Zoo der entspannten Sorte zu tun. Als Ausflugziel in die Fauna von nah und fern ist er vor allem für Familien eine vielversprechende Adresse. Von der Ziege bis zum Kamel und vom Papagei bis zum europäischen Uhu, gibt es eine bunte Auswahl heimischer und exotischer Tiere zu sehen. Auch der König der Tiere, vertreten durch den Berberlöwen, darf natürlich nicht fehlen, ebenso wenig wie ein Streichelzoo für die Kinder. Ihre Augen werden besonders leuchten, wenn es wieder einmal Nachwuchs bei den Zoobewohnern gibt. Grillstelle, Spielplatz und Restaurant sind perfekt für eine Pause oder einen ruhigen Ausklang des Zoobesuchs. Individuelle Möglichkeiten wie exklusive Erlebnisfütterungen, Kindergeburtstage oder unterstützende Tierpatenschaften gibt es im Plättli-Zoo ebenfalls.

Plättli-Zoo AG

Hertenstrasse 41, 8500 Frauenfeld – ☏+41 (0)52/7208191
⌂ www.plaettli-zoo.ch – © plaettlizoo
Öffnungszeiten: März – Oktober: tägl. 9-18 Uhr, November – Februar: 9-17 Uhr
Preise: Erwachsene 16 CHF, Kinder 8 CHF, Ermäßigungen siehe Webseite

Naturmuseum und Museum für Archäologie Thurgau

FRAUENFELD 🇨🇭

Was im Thurgau so alles kreucht und fleucht und was es über die Lebensräume der Region zu wissen gibt, erfährt man im Naturmuseum Thurgau. Tierwelt, Geologie und Geschichte des Thurgaus kann man hier nicht nur in unterschiedlichen Facetten und aus nächster Nähe kennenlernen, sondern dabei auch immer wieder selber tätig werden. Dem Museumsgarten sind jährliche Spezialthemen gewidmet und auch die Sonderausstellungen beleuchten ausgewählte Themenspektren. Bis Februar 2024 ist beispielsweise das Huhn an der Reihe. Ist ein Huhn wirklich blind und blöd, und was war zuerst, die Henne oder das Ei? Hier wird das Rätsellösen federleicht.

Naturmuseum und Museum für Archäologie Thurgau
Freie Strasse 24, 8510 Frauenfeld – ☏ +41 (0)58/3457400
⌂ www.naturmuseum.tg.ch – ⌂ www.archaeologie.tg.ch – © naturmuseumthurgau
Öffnungszeiten: Di.-Fr. 14–17 Uhr, Sa.-So. 13–17 Uhr
Preise: Eintritt frei

Stadt Stein am Rhein

STEIN AM RHEIN 🇨🇭

Wo der Rhein den Bodensee verlässt, liegt die Stadt Stein am Rhein. Den namensgebenden Stein sucht man heute allerdings vergebens. Der große Gneisfelsen befand sich einstmals auf der Inselgruppe Werd, die mit ihrer Klosterinsel unbedingt einen Abstecher wert ist. Zumindest, wenn einen das Städtchen selbst nicht völlig in Beschlag nimmt. Denn in Stein am Rhein leben die Leute noch im Mittelalter, und das im wohlgemeintesten Sinne. Die dicht aneinandergereihten Häuschen mit ihren mittelalterlichen Gebäudefassaden und romantischen Malereien sind durch schweizerischen Perfektionismus so gut in Stand gehalten, dass man nur staunen kann. Sie bewirken eine einzigartige historische Ästhetik, die fast schon an ein Disney-Idyll grenzt. Doch diese Altstadt ist keinem Gemälde oder Bilderbuch entsprungen, sondern einer langen Geschichte und sorgsamen Restauration. So viel steht fest: Wer ein Faible für mittelalterliche Städte hat, wird sich in Stein am Rhein verlieben. Wenn man die Stadt besucht – was ratsam ist! – stehen das Museum Lindwurm und die Burg Hohenklingen, das Wahrzeichen der Stadt, auf der Agenda.

Foto: © Bruno Sternegg

Tourismus Stein am Rhein

Oberstadt 3, 8260 Stein am Rhein – ☎ +41 (0)52/6324032
✉ tourist-service@steinamrhein.ch – 🏠 www.tourismus.steinamrhein.ch
📷 stein_am_rhein

Museum Lindwurm
STEIN AM RHEIN 🇨🇭

Sie haben in Stein am Rhein jeden Winkel der mittelalterlichen Stadt erkundet und sehnen sich nun nach einem Epochenwechsel? Dann können wir einen Besuch im Museum Lindwurm empfehlen. Hier kann man mal eben in das 19. Jahrhundert hineinspazieren und authentische Wohnräume der damaligen Zeit in einem seltsam lebendigen Zustand erleben. Der Tisch ist frisch gedeckt, als würden die Besucher bereits von den Hausherren erwartet werden. Auf dem Dachboden trocknen Kräuter, daneben die Wäsche und im Hintergrund erklingen die Klaviermusik aus dem Salon, sowie das Gackern der Hühner vom Hof. Man kann die aparten Vasen und Möbel in der „Beletage" bewundern, auf Strohsäcken probeliegen und sogar in Kleidung der damaligen Zeit hineinschlüpfen. Eintritt muss leider verlangt werden, da es dem Museum momentan noch an fließendem Wasser und Strom fehlt...

Museum Lindwurm
Understadt 18, 8260 Stein am Rhein – ☎ +41 (0)52/7412512
✉ info@museum-lindwurm.ch – 🏠 www.museum-lindwurm.ch
Öffnungszeiten: März bis Oktober, Di. – So. 10–17 Uhr
Preise: Erwachsene 5 CHF/ Kinder bis 16 frei und Ermäßigungen siehe Webseite

SCHAFFHAUSERLAND ENTDECKUNGEN MUSEEN

KrippenWelt Stein am Rhein
STEIN AM RHEIN CH

Ihr Kinderlein kommet, so kommet doch all - zum ersten und einzigen Krippenmuseum der Schweiz! Ca. 600 Krippendarstellungen aus der ganzen Welt zeigen, wie unterschiedlich Krippen gestaltet werden und wie vielfältig Kunst- und Kultureinflüsse bei der Krippendarstellung sind. Vertreten sind über 80 Länder in einer bunten Varietät, die den Namen KrippenWelt mehr als verdient macht. Im Kunstgewölbekeller gibt es Wechselausstellungen von Schweizer und international bekannten Künstlern, dazu sind Bistro und Shop vorhanden. Das Gebäude des Museums ist im Übrigen das älteste original erhaltene Haus in Stein am Rhein und stammt aus dem Jahr 1302.

KrippenWelt
Oberstadt 5, 8260 Stein am Rhein – +41 (0)52/7210005
info@krippenwelt-ag.ch – www.krippenwelt-ag.ch
Öffnungszeiten: Mi. - So. 10-17 Uhr, Dez. bis Mitte Jan. täglich
Preise: Erwachsene 10 CHF / Kinder 7 CHF und Ermäßigungen siehe Webseite

Restaurant Ilge
STEIN AM RHEIN 🇨🇭

Das Feinschmeckerrestaurant Ilge verfügt über eine überschaubare, aber dafür ausgewählte Speisekarte. Die Terrasse bietet im Sommer einen hervorragenden Ausblick auf die Altstadt von Stein am Rhein, die eine wahre Augenweide ist und mit den hübsch angerichteten Speisen um die Wette eifert. Aber hier werden nicht nur die Augen, sondern auch die Geschmacksnerven verwöhnt. Egal, ob man ein Rinderfilet oder Kalbssteak wählt, falsch machen kann man wenig. Die Getränkekarte bietet zudem eine große Auswahl an Qualitätsweinen. Wenn es im Herbst und Winter zu kalt wird, um draußen zu sitzen, muss man sich nicht grämen. Im heimeligen Gastraum oder im Fondue-Stübli im oberen Stockwerk hat man es dann warm und gemütlich. Klare Sache: 14-Gault-&-Millau Punkte lügen nicht!

Restaurant Ilge

Rathausplatz 14, 8260 Stein am Rhein – ☎ +41 (0)52/7412272
✉ reservation@ilgesteinamrhein.ch – 🏠 www.ilgesteinamrhein.ch
📷 restaurant_ilgesteinamrhein
Öffnungszeiten: Mi. - So.: 10.30-14.30 und 17.30-22.30
Speisezeiten von 11.45-14.00 und 18-21 Uhr

SCHAFFHAUSERLAND   ERHOLUNG & GENUSS   GASTRO & GUSTO

Burg Hohenklingen
STEIN AM RHEIN 🇨🇭

Hoch über dem Städtchen Stein am Rhein ragt die aus dem Mittelalter stammende Burg Hohenklingen hervor. Von Zerstörung verschont, verströmt sie noch heute das Burggefühl uralter Zeiten. Inzwischen wurde sie natürlich längst saniert und ist zu einer „modernen" Burg geworden. Daher kommt man heute nicht nur in den Genuss einer fabelhaften Aussicht, sondern auch einer französisch geprägten Küche. Im Angebot befinden sich kulinarische Klassiker, aber auch Eigenkreationen, die Klassiker sein sollten. Als Gilde Restaurant (eine namenhafte Gastronomen Vereinigung der Schweiz) dient die Burg heute als Genuss- und Eventlocation. Ein guter Verwendungszweck, Sie werden sehen!

Burg Hohenklingen

Hohenklingenstrasse, 8260 Stein am Rhein – 📞+41 (0)52/7412137
✉ info@burghohenklingen.com – 🏠 www.burghohenklingen.com
📷 burghohenklingen_steinamrhein
Öffnungszeiten: Mi. - So.: 10 – 23 Uhr

Stadt Winterthur
WINTERTHUR 🇨🇭

„Winti", wie es im Volksmund genannt wird, zählt zu den größten Städten der Schweiz und besitzt eine der größten zusammenhängenden Fußgängerzonen Europas – und das, obwohl Zürich als eigentliche Metropole nur 20 Kilometer entfernt liegt. So entsteht eine geschäftige, pulsierende Urbanität, die dank altstädtischer Herrenhäuser und zahlreicher Grünanlagen aufgelockert wird. Die schweizerische Gemütlichkeit und Natürlichkeit wird man daher nicht vermissen. Nach dem Vorbild einer englischen Gartenstadt geschaffen, kann man in Winterthur heute (wieder) überall kleine Gartenparadiese und Parks bewundern. Darüber hinaus gibt es eine Menge zu entdecken: Zum Beispiel eine beeindruckende Museenlandschaft mit Schwerpunkten wie Kunst oder Natur, die vom Wissenschafts- und Erlebnismuseum Technorama gekrönt wird, ein großes Kulturangebot etwa im Theater Winterthur oder im Comedyhaus Casinotheater, die Multisporthalle Skills Park, den Wildpark Bruderhaus, die nahegelegene Kyburg sowie die malerische Landschaft des Tösstals.

House of Winterthur
Stadthausstrasse 14, 8401 Winterthur – ☎ +41 (0)52/2080100
✉ office@winterthur.ch – 🏠 www.winterthur.ch – 📷 lovewinterthur

Swiss Science Center Technorama
WINTERTHUR 🇨🇭

Das Technorama ist weit über die Schweiz hinaus bekannt und hoch geschätzt, und für Schulausflüge längst zum Magnetfeld geworden. Aber auch Sie werden, im wahrsten Sinne des Wortes, Ihren Augen kaum trauen! Denn optische Täuschungen und physikalische Überraschungen dürfen hier mit allen Sinnen erlebt werden, was gar nicht so einfach ist, wenn man zunehmend an ihnen zu zweifeln beginnt. Mit Erfinderwerkstatt, Laboren und Adventure Rooms werden Naturphänomene greif- und begreifbar gemacht. Das Technorama ist jedoch weit mehr als ein großer Spielplatz für Physik-Nerds und Tüftler: Es eröffnet völlig neue Perspektiven auf die Welt. Einen Tagesausflug füllt es mühelos, aber selbst dann wird man vermutlich nicht alles gesehen und ausprobiert haben. Aber was solls… Zeit ist schließlich relativ!

Swiss Science Center Technorama

Technoramastrasse 1, 8404 Winterthur – ☎ +41 (0)52/2440844

✉ info@technorama.ch – 🏠 www.technorama.ch

📷 swissssciencecentertechnorama

Öffnungszeiten: tägl. 10 – 17 Uhr

Preise: Erwachsene 33 CHF/ Kinder 21 CHF und Ermäßigungen siehe Webseite

Saurier Museum Aathal

AATHAL-SEEGRÄBEN 🇨🇭

Die Dinosaurier sind los, im Ortsteil Aathal der Gemeinde Seegräben. Die Urzeitgiganten sind noch größer, als man sie sich vorstellt, und so auch die Sammlung des Sauriermuseums, die zu den größten Europas gehört. Dieser Jurassic Park der speziellen Sorte ist nicht nur ein Highlight für Kinder, sondern außerdem lehrreich und informativ. Deckenhohe Skelette, Fossilien und diverse Dinosaurierfilme bringen Besuchern auf lebendige Weise nahe, was längst ausgestorben sein sollte. Die Welt der Saurier zu betreten, ist auf jeden Fall respekteinflößend. Nur die Mutigsten wagen eine exklusive Übernachtung im Museum (telefonisch anfragen!), die weniger Waghalsigen wählen einen Plüsch-Dino aus dem Museumsshop.

Sauriermuseum Aathal

Zürichstrasse 69, 8607 Aathal – 📞+41 (0)44/9321418

✉ dino@sauriermuseum.ch – 🏠 www.sauriermuseum.ch – 📷 sauriermuseumaathal

Öffnungszeiten: Di.–Sa. 10-17 Uhr, So. 10-18 Uhr

Preise: Erwachsene 22 CHF/ Kinder 11 CHF und Ermäßigungen siehe Webseite

Stadtgemeinde Diessenhofen

DIESSENHOFEN

In der goldenen Mitte von Stein am Rhein und Schaffhausen befindet sich der Ort Diessenhofen. Kennzeichnend sind die Burg Unterhof am Rheinufer, die Stadtkirche und natürlich die hölzerne Rheinbrücke, die direkt nach Gailingen am Hochrhein führt und auf der Sie somit nicht nur den Fluss, sondern auch die Ländergrenze überqueren. Sie ist ein geschütztes Baudenkmal. Ebenso bedeutsam für Diessenhofen sind der zentrale Siegelturm mit astronomischer Monduhr und Torbogen sowie das zur Klinik umfunktionierte Kloster St. Katharinental mit seiner barocken Klosterkirche. Das Museum kunst + wissen hält Werke des Diessenhofer Künstlers Carl Roesch sowie geschichtliche, kulturelle und interdisziplinäre Sonderausstellungen bereit.

Tourist-Information Region Diessenhofen (im Museum kunst + wissen)
Museumsgasse 11, 8253 Diessenhofen – ☏+41 (0)52/5331167
✉ tourismus@diessenhofen.ch – ⌂ www.diessenhofen.ch

Unterhof
DIESSENHOFEN 🇨🇭

Speisen wie die Rittersleute! Für die Historiker unter den Gourmets dürfte es in Diessenhofen kaum einen besseren Ort geben als das feine Restaurant, das sich in die Burg aus dem 12. Jahrhundert einquartiert hat. Wo einst der Ritteradel zuhause war, genießt man heute gehobene Küche. Sowohl hinsichtlich des Ambientes, als auch des Essens kommen verschiedenste Geschmäcker auf ihre Kosten. So kann man charmant im Rittersaal des Gourmetrestaurants im ersten Stocks dinieren und dort das Burg-Menü probieren, oder sich in den Gewölbekeller, bei Einheimischen als „Höll" bekannt, hinabwagen, wo einen die Fischerstube empfängt. Hand aufs Herz: Wenn so die Hölle aussieht, wirkt die Sünde der Völlerei bereits harmloser. Denn die Wirtsleute geben Vollgas, was Bewirtung und Küche betrifft. Hier stimmt einfach alles. Bei Sonnenschein speist man minnegerecht „under der linden" auf der Rheinpromenade.

Restaurant Unterhof

Rheinstrasse 23, 8253 Diessenhofen – ☎ +41 (0)52/6463883

✉ info@unterhof.ch – 🏠 www.unterhof.ch – 📷 unterhof

Öffnungszeiten: Fischerstube: Mo., Do., Fr. 11–14.30 und 17–23 Uhr, Sa.–So. 11–23 Uhr, Salon: Do.–Mo. 11.30–14.30 und 18–23 Uhr

Stadt Schaffhausen
SCHAFFHAUSEN 🇨🇭

Der Kanton Schaffhausen bildet die nördlichste Spitze der Schweiz, direkt an der Grenze zu Deutschland. Er erstreckt sich zu großen Teilen entlang des Rheins und ist zwar nicht mehr Teil des deutschen Hegaus, dafür aber Teil der historischen Hegauregion. Hauptort ist die Stadt Schaffhausen, die größte Gemeinde des Kantons. Ein Besuch Schaffhausens ist alleine schon wegen der idyllischen Natur kein Reinfall – Ganz im Gegenteil ist der Rheinfall das bekannteste Wahrzeichen der Stadt und lockt viele tausend Besucher jährlich. Zusammen mit dem regionalen Naturpark Schaffhausen können Wander- und Naturfreunde vollends auf ihre Kosten kommen. Ein weiteres Wahrzeichen neben dem Rheinfall ist der eindrucksvolle Turm Munot, eine verwunschene Festung im Stadtzentrum, deren Glöcklein allabendlich von der Munot-Wächterin von Hand zum Läuten gebracht wird – aus reiner Tradition. Halten Sie also die Ohren offen, wenn es 21 Uhr schlägt!

Schaffhauserland Tourismus
Vordergasse 73, 8200 Schaffhausen – 📞 +41 (0)52/6324020
✉ info@schaffhauserland.ch – 🏠 www.schaffhauserland.ch
📷 schaffhauserlandtourismus

SCHAFFHAUSERLAND — ENTDECKUNGEN — NATUR

Rheinfall
SCHAFFHAUSEN 🇨🇭

Ein wahrhaft berauschendes Bodenseeerlebnis ist der Rheinfall mit seinen gewaltigen, herabstürzenden Wassermassen. Man kann sich dem Naturschauspiel durch einen einfachen Aufstieg nähern, oder eine Schifffahrt rheinabwärts, bei der man dem tosenden Wasserfall zum Greifen nahe kommt. Mutige können sich auf dem mittleren Felsen absetzen lassen, wo man sich mitten im Geschehen befindet. Nachts kann man den Wasserfall, einen der drei größten Europas, sogar illuminiert erleben. Am Rheinfall entfaltet sich zudem eine ganze Erlebniswelt: Schloss Laufen erklärt im Historama geschichtliche Hintergründe des Ortes und den Einfluss des Rheinfalls, die Miniaturwelt Smilestones schrumpft den riesigen Wasserfall ins Mikroformat und die Rhyality Immersive Art Hall lässt durch raumfüllende Videoprojektionen visuell in den Rheinfall eintauchen.

Koordinationsstelle Rheinfall

Herrenacker 15, 8200 Schaffhausen

✉ info@rheinfall.ch – 🏠 www.rheinfall.ch – 📷 rheinfallofficial

Öffnungszeiten: Tourist-Info 9.30-17 Uhr

Preise: Nördliches Ufer frei zugänglich, südliches Ufer inkl. Schloss Laufen mit Historama, Panoramaweg und Aussichtsplattform: Erwachsene 5 CHF / Kinder 3 CHF

Museum zu Allerheiligen
SCHAFFHAUSEN

Mitten in der Schaffhauser Altstadt, im ehemaligen Benediktinerkloster, beherbergt das Museum zu Allerheiligen einen umfassenden Fundus aus verschiedensten Fachgebieten. Egal, für welches Thema Sie sich interessieren, hier werden Sie es mit höchster Wahrscheinlichkeit antreffen. Unter einem Dach laden Ausstellungen zu Archäologie, Kulturgeschichte, Kunst und Natur zu Entdeckungstouren ein. Die Reise führt von der Steinzeitkunst über die Blütezeit des Klosters bis zur Schaffhauser Stadt- und Industriegeschichte; Medienstationen und Hands-on Element ergänzen die Präsentationen. Die Kunstsammlung umfasst Werke von Cranach, Hodler, Valloton, Otto Dix und Adolf Dietrich.

Museum zu Allerheiligen Schaffhausen
Klosterstrasse 16, 8200 Schaffhausen – ☏ +41 (0)52/6330777
✉ admin.allerheiligen@stsh.ch – ⌂ www.allerheiligen.ch – ◉ museumzuallerheiligen
Öffnungszeiten: Di. – So. 11–17 Uhr
Preise: Erwachsene 12 CHF/ Kinder frei und Ermäßigungen siehe Webseite

SCHAFFHAUSERLAND · ERLEBNISSE · KUNST & KULTUR

Stadttheater Schaffhausen
SCHAFFHAUSEN CH

Beim Stadttheater Schaffhausen steht so ziemlich alles auf dem monatlichen Programm, außer Langeweile. Ob Kabarett, Tanzensembles, Kindertheater, Komödien oder Showbusiness – Abwechslung erfreut! So hat sich am Herrenacker in Schaffhausen ein Ort für Kultur und Unterhaltung entwickelt, wo eine Mischung von lokalen und internationalen Interpreten, klassischen und modernen Inszenierungen gelingt. Seine Geschichte reicht bis in das 19. Jahrhundert zurück, und noch heute genießt es unter den Gastspieltheatern der Schweiz hohes Ansehen.

Stadttheater Schaffhausen

Herrenacker 22/23, 8200 Schaffhausen – ☎ +41 (0)52/6250555

✉ stadttheater@stsh.ch – ⌂ www.stadttheater-sh.ch – ⌾ stadttheaterschaffhausen

Öffnungszeiten: Theaterkasse: Mo. bis Fr. 16–18 Uhr, Sa. 10–12 Uhr

Preise: Je nach Kategorie, Kindertheater 20 CHF

Miniaturwelt Smilestones
NEUHAUSEN AM RHEINFALL 🇨🇭

Klein aber fein zeigt sich die Miniaturwelt Smilestones dem riesenhaften Besucher. Hier ist es möglich, innerhalb von einer Stunde hunderte Kilometer durch die Schweiz zu laufen! Obwohl alles winzig erscheint, oder gerade deswegen, hat man „das große Ganze" im Blick. Ob für Erwachsene oder Kinder – die moderne Miniaturwelt zeigt die bekanntesten Schweizer Destinationen wie das Matterhorn, das Berner Oberland mit Interlaken, Stein am Rhein, den Rheinfall und vieles mehr. Die modellierte Landschaft mit Stadtkulissen, Wäldern, Weinbergen und Schlösser bietet extrem viele kleine Szenen und witzige Details, die es zu entdecken gibt. Für viel Bewegung sorgen zudem die unzähligen fahrenden Verkehrsteilnehmer auf Straßen und Schienen. Ein kleines und doch großes Erlebnis!

Smilestones AG

Industrieplatz 3, 8212 Neuhausen am Rheinfall

✉ info@smilestones.ch – 🏠 www.smilestones.ch – 📷 smilestonesrheinfall

Öffnungszeiten: Ab Nov. 23 : Mi. – Sa. 11 – 17.30, saisonale Änderungen siehe Webseite
Preise: Erwachsene 21 CHF/ Kinder 12 CHF und Ermäßigungen siehe Webseite

Schweizerisches Militärmuseum
FULL 🇨🇭

Das bis an die Zähne bewaffnete Militärmuseum Full zeigt Panzer, Artillerie-, Flieger- und Panzerabwehrgeschütze sowie Fahrzeuge der Schweizer Armee und ausländischer Streitkräfte aus dem 20. Jahrhundert. Vom schweren „Königstiger" bis zum modernen Leopard II findet sich eine Vielzahl von Ausstellungsstücken in funktionsbereitem Zustand. Weltweit einzigartig ist das Werkmuseum mit Fliegerabwehr-, Flugzeug- und Lenkwaffen, ebenso wie die Sammlung mit gepanzerten Rad- und Kettenfahrzeugen. Weitere Ausstellungen zeigen das Pferd in der Armee, Radfahrertruppen und Motorräder, sowie rund 100'000 Zinnfiguren.

Tipp: Samstags kann von 13-17 Uhr das Festungsmuseum Reuenthal besucht werden, Kombitickets sind erhältlich. Gruppen können zudem militärhistorische Anlagen des Kantons Aargau besichtigen.

Schweizerisches Militärmuseum Full

General Guisan-Strasse 1, 5324 Full – ☏ +41 (0)62/7723606

✉ info@festungsmuseum.ch – 🏠 www.festungsmuseum.ch

📷 schweizerischesmilitaermuseum

Öffnungszeiten: April bis Oktober: Fr. – So. 10-17 Uhr

Preise: Erwachsene 15,- CHF, Kinder 6,- CHF und Details siehe Webseite

Bodensee in Zahlen
STAND 2024

Meereshöhe über Normalnull:	**395 m**
Einzugsgebiet des Bodensees:	**11.500 km²**
Oberfläche gesamt:	**536 km²**
Mittlere jährliche Wasserführung:	**ca. 370 m³/sec**
Obersee:	**489 km²**
Untersee:	**71,5 km²**
Tiefste Stelle:	**254 m**
Längste Stelle:	**63 km**
Rauminhalt:	**48,5 km³**
Breiteste Stelle:	**14 km**
Größte Tiefe (zwischen Utwil und Fischbach):	**254 m**
Größte Breite (zwischen Friedrichshafen und Arbon):	**14 km**
Länge zwischen Ludwigshafen und Bregenz:	**63 km**
Länge zwischen Konstanz und Bregenz:	**46 km**
Seevolumen:	**ca. 54 Mrd m³**
Einflussmenge des Rheins in Altenrhein:	**ca. 11,5 Mrd m³**

drittgrößter Binnensee Europas

Sichttiefen des Seewassers (von der Oberfläche)

Jahresmittel:	**ca. 7,5 m**
im Januar:	**bis 12 m**

Wasserberg in Folge der Erdkrümmung

zwischen Bregenz und Konstanz:	**44,25 m**
zwischen Rorschach und Friedrichshafen:	**12,3 m**
Uferlänge gesamt:	**273 km**
Uferlänge Baden-Württemberg:	**155 km**
Uferlänge Bayern:	**18 km**
Uferlänge Österreich:	**28 km**
Uferlänge Schweiz:	**72 km**